博瑞森图书
BRACE

企业阅读 本土实践

互联网医院

正在发生的医疗新变革

考拉看看 主编

动脉网蛋壳研究院 著

中华工商联合出版社

图书在版编目（CIP）数据

互联网医院：正在发生的医疗新变革/考拉看看主编；动脉网蛋壳研究院著．—北京：中华工商联合出版社，2019.9

ISBN 978-7-5158-2242-6

Ⅰ.①互…　Ⅱ.①考…　②动…　Ⅲ.①医院－管理－信息化建设－研究　Ⅳ.①R197.324

中国版本图书馆 CIP 数据核字（2019）第 160516 号

互联网医院：正在发生的医疗新变革

作　　者： 考拉看看　动脉网蛋壳研究院
责任编辑： 于建廷　王　欢
责任审读： 郭敬梅
封面设计： 仙　境
责任印制： 迈致红
出版发行： 中华工商联合出版社有限责任公司
印　　刷： 河北宝昌佳彩印刷有限公司
版　　次： 2019 年 11 月第 1 版
印　　次： 2019 年 11 月第 1 次印刷
开　　本： 710mm×1000mm　1/16
字　　数： 200 千字
印　　张： 15.25
书　　号： ISBN 978-7-5158-2242-6
定　　价： 118.00 元

服务热线： 010－58301130
团购热线： 010－58302813
地址邮编： 北京市西城区西环广场 A 座
19－20 层，100044
http：//www.chgslcbs.cn
E-mail：cicap1202@sina.com（营销中心）
E-mail：gslzbs@sina.com（总编室）

导读

动脉网是一家从互联网医健媒体起步，逐步成长为未来医疗领域的专业服务机构。这套未来医疗系列丛书是动脉网经过多年的观察与跟踪，记录下的医疗领域在转型和发展过程中的探索与实践。《互联网医院》是本套丛书之一。

本书汇集了动脉网在互联网医院领域的记录文字并集结出版，反映了互联网医院从无到有的整个发展过程。从 2015 年互联网医院概念初现，到 2017 年银川互联网医院的爆发，再到互联网医院的监管严政出台，互联网医院经历了功能的升级、监管政策的出台、商业模式的变化过程。动脉网一直在这个过程中，不遗余力地对互联网医院进行报道、分析和观察。

本书第一章讲述了互联网医院出现时的市场背景，此时“互联网 + 技术”虽然已经在医疗领域有所布局，但是一般只切入整个医疗环节中的一个小点，大量集中在在线预约挂号和轻问诊部分。互联网医院的出现，是将整个就医流程放在网上。

第二章是互联网医院的建设和运营，主要讲述了互联网医院应该如何建立，通过调研罗列了互联网医院的申请材料和建设标准。同时，对比普通的互联网医院和需要提供什么样的服务才能称得上是“医院”，而不是互联网医疗。

第三章到第五章围绕互联网医院的落地实践和管理模式的区别，对目前的互联网医院的形态和管理模式进行了拆解，找到互联网医院的驱动因素。

第六章动脉网从市场上找到部分标杆互联网医院，以它们为例进行调研，讲述了各自的互联网医院的业务模式、科室侧重和行业优势。

第七章和第八章是从市场角度，对互联网医院的发展历程和未来走势进行了分析。互联网医院的发展是社会需求、技术创新、政策推动等多重因素共同作用的结果。未来，互联网医院或将迎来风口，慢病管理、健康管理将成为互联网医院的发展重点，互联网医院也会成为医药服务商的新流量入口。

互联网医院正处于蓬勃发展的起步阶段，未来的发展虽充满着不确定性，但前景依然广阔。本书描绘互联网医疗行业这几年来发展的轨迹，能为“互联网 + 医疗”融合创新方案提供观察与思考。

本书有互联网医院的应用实例和经验的总结，案例丰富翔实。用真实的数据、案例做精准的分析，将理论与实际紧密结合，有助于读者全面、立体地了解互联网医院及互联网医院落地情况和发展。

本书还为读者呈现了在政策逐步完善的关键节点中，各方主体参与互联网医院的浪潮中的行动路径解析和方向判断，对互联网医院投资者、规则制定者，以及相关创业人士等均有很大帮助。

目录

第三章　互联网医院的落地实践

第四章 互联网医院的管理

第五章　互联网医院的模式

第六章　互联网医院的模式解析

附录　其他互联网医院实践者

第一章

互联网医院的来临

一、互联网医院的出现

互联网医院的出现是医疗改革进程中的一个巨大进步，是从网络化医院到智慧医院的一次重要跃迁。

（一）从信息化到智慧医院

在互联网医院的概念提出之前，最早出现的是信息化医院，而后是网络医院，现在是互联网医院，未来是智慧医院。这可以说是互联网医疗演化的四个阶段。

信息化医院出现得最早。随着中国信息化历程的开启，全国大大小小的医院逐步引入 HIS 系统（医院信息系统）进行医院信息化建设，IT 公司开始为医院提供流程化服务，基本信息主要在院区局域网或广域网内共享，并未开放给公众使用或者只开通了个别业务，与互联网的关系不大。

网络化医院是近些年的产物。随着互联网普及程度的提高，国内很多省市的医院对公众开放了部分业务。比如，门诊挂号系统和远程诊疗，患者不用去医院排队挂号，在附近网点，医生通过网络视频进行免费诊断，开完处方后可以直接在药店拿药。既节约了挂号时间也节省了就医的费用，但医保报销目前并未纳入网络医院的体系中。

互联网医院诞生于 2015 年，以乌镇互联网医院为代表，医院的主要业务通过互联网对公众开放，打通了“医 + 药 + 险”三个关键产业环节。其优势在于，一方面医生资源更加丰富，凡是有执业资格证的医生都可以在互联网医院进行多点执业；另一方面让电子处方和病历管理进一步开放，或可以打破传统医院禁止处方和病历流出的现状。

智慧医院是人工智能和互联网技术发展到高级阶段的产物。在大数据、云计算、人工智能、物联网和网络通信技术的共同作用下，医疗全过程中的资源供应和匹配、所有医疗资源的管理和输出，完全数据化、智慧化，并通过互联网分享给社会公众，最后达到快速、有效、精准的个人化健康管理。

（二） 互联网医院的本质

“互联网＋医疗”的融合方式如何探寻？我们认为，就是要形成连接一切能力与医疗服务整合能力。诊疗服务供应、医疗资源配置和医药险全要素环节配置，正是互联网医院实现回归医疗本质的三个维度。

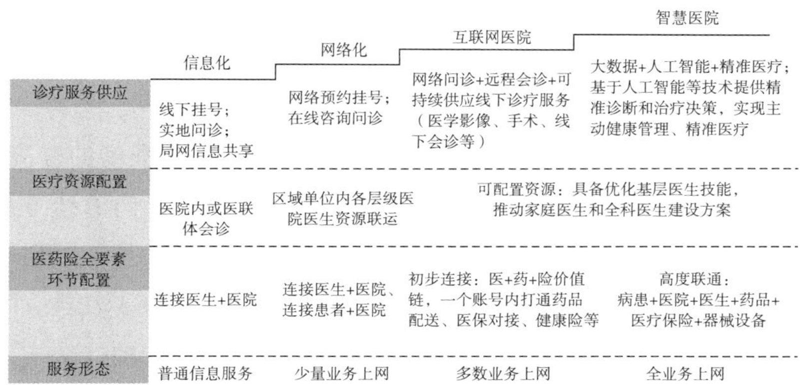

图 1－1　“互联网＋医疗”的进化之路

1. 诊疗服务供应

诊疗服务进化要点：在线工具性辅助——在线诊断——匹配并供应线下诊疗服务——精准诊断 + 主动健康管理。

如图 1 - 1 所示，“互联网 + 医疗”的早期融合以提供在线预约挂号等便捷就医服务、在线咨询问诊服务，实现诊前导诊。但是这类服务并不真正涉及诊疗活动的核心内容，仅仅是对现有医疗服务起到工具性辅助作用。随着医院信息化系统的升级，医院开始自建线上院区，拓展院外接诊点，在线平台开始逐渐能够提供远程诊断，对于常见病可以开具电子处方。

由于医疗服务的本质不仅仅是线上医疗服务就能够解决的，必须能够与线下的医学影像检查、手术、会诊等实现无缝对接。因此，互联网医疗服务的进化阶段，考量的不仅仅是线上服务的深度与效率，还要考量如何与线下医疗服务内容实现无缝对接，将在线平台作为承上启下的连接点，高效、精准地匹配并可持续供应线下诊疗服务（医学影像、手术、线下会诊等）。

未来，随着医疗大数据的互联互通，可进行前置预防，提供主动的健康管理，甚至随着人工智能技术的加入，实现医疗诊断的精准化和个性化。

2. 医疗资源配置

医疗资源优化配置要点：扩大医生资源链接——提升基层医生质量——激活医疗大数据资源。

即使进行再多的精准化匹配服务，如果没有医生资源的合理调动，始终不能真正解决看病问题。我们认为，如何连接并大范围合理调配医疗资源，如何激活基层医疗资源，解决基层医生与患者之间的信任问题，关键是互联网医院需要具备完整的解决方案。如此，才能实现“互联网 +”助力解决我国医疗资源配置不均衡，缓解医患矛盾的美好愿景。

医疗资源能够在多大范围内调动，对于医疗资源的均衡配置至关重要。医疗资源正在从早期的医院内或者医联体内的专家流动会诊，再到目前的以省、市区域单位的基层到三甲医院医生资源的垂直联动，再到未来能够基于医生多点执业政策的推行，实现可连接全国医疗资源的调配。

在我国，医疗资源配置不均衡的最大问题之一是基层医生的技能存在差距，大量的基层医生资源不能有效地投入医疗服务之中。经估算，大约有 194 万医生、60% 的基层医疗设备和 95 万张病床可供分享，目前来看，这些资源基本分布在我国二级及以下医院、基层医疗卫生机构。面对海量的基层资源待激活的现状，“互联网 + 医疗”需要朝向能够优化基层医生技能的方向创新解决方案。

“互联网 +”除了对存量医疗资源的优化配置之外，更有价值的未来是将医疗大数据资源盘活，使数据成为新医疗资源，释放对于精准医疗和主动健康管理的决策价值。

3. “医 + 药 + 险”全流程配置

医疗不仅仅是患者与医院、患者与医生之间发生诊疗活动关系，完整的医疗活动还包括药品、保险支付环节，每一次医疗活动的背后均是这几大要素共同作用的结果。因此，“互联网 + 医疗”不仅仅是对于医疗资源配置供应，还要朝向医药险全价值链的打通，创新药品配送、用药管理、医保对接、开发商保产品，利用互联网技术优化医疗控费机制，实现“可控医疗”目标。

（三）互联网医院内涵扩大化

2016 年 10 月，政府提出“健康中国 2030”计划。在政府大力推动“互联网 + 医疗”与传统医疗资源不能满足民众看病就医的市场需求的背景下，“互联网医院”应运而生。

2018 年 4 月 28 日，国务院办公厅发布了《关于促进“互联网 + 医疗健康”发展的意见》，紧接着《互联网诊疗管理办法（试行）》《互联网医院管理办法（试行）》和《远程医疗服务管理规范（试行）》相继出台，允许依托医疗机构发展互联网医院。在实体医院基础上，运用互联网技术提供安全适宜的医疗服务，允许在线开展部分常见病、慢性病复诊。医师掌握患者病历资料后，允许在线开具部分常见病、慢性病处方。

鼓励医疗联合体内上级医疗机构借助人工智能等技术手段，面向基层提供远程会诊、远程心电诊断、远程影像诊断等服务，促进医疗联合体内医疗机构间检查检验结果实时查阅、互认共享。

而今，“互联网 + 医疗健康”已成为国家重点战略，互联网医院监管政策明晰，地方政府开始拥抱互联网医院。互联网医院概念也不再局限在诊疗环节，诊断、医生教育、家庭医生、院后跟踪等模块在实践中被引入互联网医院体系中，如图 1 - 2 所示。

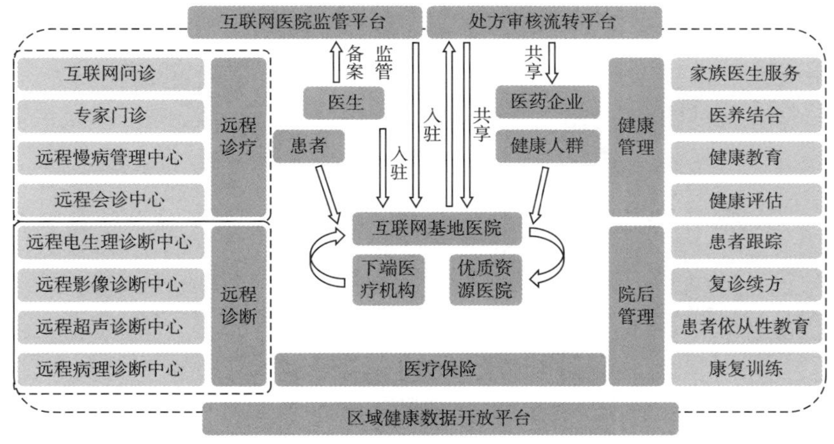

图 1 - 2　互联网医院内涵扩大化

2018 年，互联网对医院场景的渗透越来越深，诊断、诊疗、诊后及健康管理等多个场景找到了同互联网医院之间的结合点，互联网医院概念逐步扩大，各家互联网医院设立的目的、偏重的业务方向不尽相同，监管对互联网医院的诊疗行为重新界定，对诊疗环节部分考察不能反映目前互联网医院的运营状况，故本次报告我们不对互联网医院进行排名评估，转为依据我们观察到的互联网医院发展路径，绘制我们所看到互联网医院延伸的触角范围和增长空间。

互联网医院是互联网医疗的2.0模式，它告别了以提供信息、在线咨询等医疗周边业务为主的1.0时代，进入以在线诊疗、开具电子处方为核心业务的2.0时代。

看病难问题的存在主要是因为医疗资源的分配不均和传统医疗流程的无序，互联网医院这一新型医疗组织形态，可以优化医疗资源配置，再造诊疗流程，从问诊、检查、治疗、开药及诊后管理等环节进行改良。这也是互联网医院发展前两年的主要业务范围，如图1－3所示。

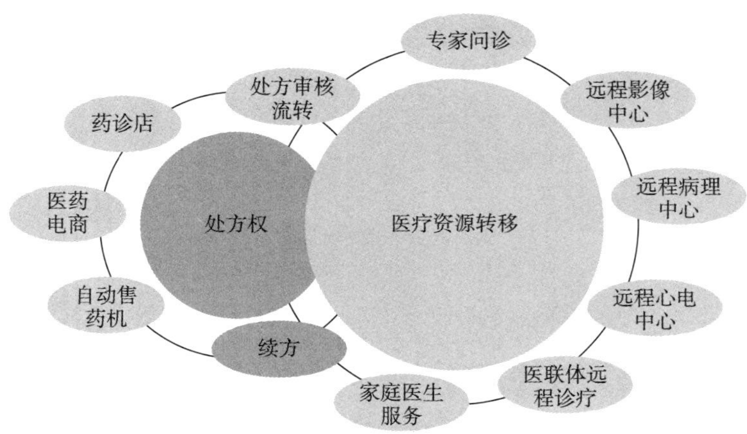

图1－3　围绕两大核心资源的互联网医院业务

“互联网医院＋医联体”已经成为行业公认的分级诊疗手段。

未来，随着互联网医院布局的深入，还将促进各个互联网医院间建立医联体，实现院间数据互通，在保证信息安全的基础上，建立患者数据共享平台，实现医联体内部医疗设备共享，院间协同工作，患者远程检查，最大程度地实现分级诊疗。

随着互联网医院实践的不断深入，互联网医院走出了单纯的诊疗环节，将业务拓展到了人的整个生命周期。同时，互联网医院的运营重点从围绕医疗资源的上下流转扩展到围绕处方权的商业转化，医药电商、药店等加入其中，互联网医院实现了业务线全周期化、商业路径完整化。互联网医院是针对核心医疗的自发创新，推动监管建立、完善，欢迎大家在风险可控的范围内积极参与。

二、互联网医院爆发的原因

（一）行业发展到了新阶段

1. 网络轻问诊的创业窗口期即将关闭

时间回到2016年，经过3年的快速发展，轻问诊已成为产生移动医疗巨头最多的细分行业，但也是竞争最激烈的领域之一。流量基本集中在五六个应用APP中，而国内包含在线问诊功能的APP超过一千个。同时，轻问诊在商业模式上一直找不到较合理的变现模式，咨询付费规模小、增值服务等其他收费模式转化率低，完整的商业闭环难以形成，这些问题导致平台无法单纯依靠线上模式来支撑长期发展，亟须找到一种新的延展模式。

2. 建立完整商业闭环需要以线下实体为起点

在现有的政策体系下，轻问诊平台为患者提供的服务是极其有限的，且网上咨询、医患互动、挂号、转诊都是医疗周边行为，诊断、开药、检查和手术等实质诊疗行为仍需要回到线下医院，而大部分付费场景均在线下，这也就导致依靠轻问诊或挂号平台积累的大量医生和用户资源无法有效盘活。

《中国互联网医疗发展报告（2016）》显示，2016年，中国互联网医疗用户规模为1.52亿人。按照153.7亿元的市场规模计算，每位用户2016年平均消费仅101元，仅占人均年卫生总费用的3.9%。因此深入诊疗环节、打通线上线下形成商业闭环势在必行，且医药电商、保险、健康大数据等业务形态的延展都依赖诊疗环节的打通。

但根据《国家卫生计生委关于推进医疗机构远程医疗服务的意见（国卫医发〔2014〕51 号)》规定，远程问诊的主体只能是医疗机构。因此，要做诊疗先要成为一家有线下载体的医疗机构，拿到牌照，进而实现无边界的医疗服务竞争。而互联网医院恰好是线上线下结合的一种代表，既符合当前国家力推的分级诊疗政策，又符合当下的市场生态。

（二） 国家政策迅速明朗

1. 宏观政策推进“互联网＋医疗”

随着国家“互联网＋”战略的推进落实，关于“互联网＋医疗”领域的政策导向也趋于明朗。2015 年，《国务院关于积极推进“互联网＋”行动的指导意见》（以下简称《意见》）对医疗健康领域提出了具体的发展目标和要求，即“到 2018 年在健康医疗领域互联网应用更加丰富，公共服务更加多元化，社会服务资源配置不断优化”。

为实现目标，《意见》要求着重推广在线医疗卫生新模式，发展基于互联网的医疗卫生服务，如支持第三方机构构建电子病历等医疗信息共享服务平台；积极利用移动互联网提供在线预约诊疗、候诊提醒、划价缴费、诊疗报告查询、药品配送等便捷服务；鼓励互联网企业与医疗机构合作建立医疗网络信息平台，以充分利用互联网、大数据等手段，提高重大疾病和突发公共卫生事件的防控能力。

2015 年 11 月，全国人大发布“十三五”规划，提出健康、医疗、互联网、信息化都将成为“十三五”的重要任务。例如深化医药卫生体制改革，实行分级诊疗；健全上下联动、衔接互补的医疗服务体系，发展远程医疗；鼓励社会力量兴办健康服务业，推进非营利性民营医院和公立医院同等待遇等，未来推进医疗与互联网技术之间的跨界融合发展。

进入2016年，“互联网+医疗”领域的政策推进继续加码。在2016年8月召开的全国卫生与健康大会上，国家主席习近平在讲话中强调了基础医疗服务的重要性，提出“树立大卫生、大健康的观念，把以治病为中心转变为以人民健康为中心，建立健全健康教育体系，提升全民健康素养”。而实现并扩大基础医疗服务的一大便捷途径即为发展互联网医疗，互联网技术和移动医疗设备的快速发展，提升基础医疗服务能力，对于推进卫生健康事业改革发展，建设健康中国具有重大价值。

2016年10月25日，在此基础上，中共中央、国务院发布了《“健康中国2030”规划纲要》（以下简称《纲要》），首次将有关健康医疗产业的纲要提高至国家层级的战略，《纲要》明确了对“互联网+医疗”的态度，完善健康保障体系、完善药品供应保障体系、优化多元办医格局、发展健康服务新业态等进入实质性推进阶段。

2. 地方政策关键环节破冰

除了在国家层面对于“互联网+医疗”的大力推动，地方政策方面也逐渐破冰。

2015年12月，浙江桐乡市政府批复全国首家互联网医院，并推出乌镇互联网医院网站平台和乌镇医院APP，面向全国提供以复诊为核心的在线诊疗服务。该医院获得了中央网信办、国家卫生计生委（现为国家卫生健康委）、食药监总局和浙江省政府及省卫生、药监部门的支持。

试点效应显现的同时，地方医保政策也在向互联网医院倾斜。2016 年 8 月 15 日，贵州省人力资源与社会保障厅发布了《关于将远程医疗服务项目纳入基本医疗保险基金支付有关问题的通知》，指出为加快推进远程医疗的发展，进一步满足广大参保人员的就医需求，经研究决定将远程医疗服务项目纳入基本医疗保险基金支付范围。四川省发改委联合四川省卫生健康委员会也发布了《关于制定互联网医疗服务项目价格的通知》，从政策层面打破互联网医疗的项目价格、医保结算、收费标准等问题。相较于贵州省，四川省给出的服务方案更完善，不仅完善了医疗机构间的远程会诊类、远程诊断类项目价格，而且新增了患者网上问诊的远程诊查类、远程监测及其他类项目价格，部分类别还将实行市场调价。

在“互联网 + 医疗”的政策支持、地方医保政策的切实改革，以及互联网医院的示范效应带动下，“互联网 + 医疗”未来可期。

（三）市场需求强力推动

1. 传统的医疗资源不能满足看病就医的市场需求

长期以来，我国优质医院集中于东部沿海城市，特别是“北上广”。据 2015 中国卫生和计划生育统计年鉴数据显示，东部三甲医院占 46%，西部占 23%；优质医疗资源还向大医院集中，基层医疗机构服务能力不足，“首诊”接受度较低。根据微医集团调研数据显示，只有 8% 的患者会首诊选择社区医院，53% 的患者就医首选知名公立医院，43% 的患者首诊时会直接选择特需门诊或专家号。“小病进大医院”成了常态，原本定位于“收治急危病症、疑难杂症和人才培养”的大医院却大小疾病通吃，这对于数量占比本身不高的大医院而言供需矛盾越发突出，而普通医院及基层医疗机构则呈现出相反的态势。

在“虹吸效应”下，以三级医院为核心的格局短时间很难改变。据2015年中国卫生和计划生育事业发展统计公报数据显示，占医院数量66%的一级及以下医院只承担了不足20%的门诊量和13%的住院量，病床使用率也低。而占比最少的三级医院却呈现出越加饱和的态势。而且三级医院诊疗人数持续扩张，增长幅度始终高于其他医院10%左右。未来优质医疗机构和非核心医疗机构供需不均衡的矛盾还会持续加剧。

2. 民众对基层医院信任程度相对较低

分级诊疗也面临着诸多现实困境：基层首诊不符合居民就医习惯；居民对基层医院信任程度相对较低。同时分级诊疗也面临着如多点执业、医保支付、网络监管等方面的政策困境。在这种形势下，核心医院人满为患、医生超负荷运转，根据《2015中国医师执业状况白皮书》，近四成三级医院医生每周工作超60小时，每工作日工作超12小时，严重超负荷工作。同时，患者候诊时间长而就诊时间短，或被安排做大量的检查，医患沟通质量日渐降低，医患关系持续紧张。

医疗改革的强烈需求，促成了“互联网+医疗”道路的探索。据动脉网统计，互联网医疗企业已经渗透到了健康保健、寻医诊疗、专科服务、医疗信息化、生物技术等10个领域，截至2015年年底共有1134家相关企业。

互联网医疗受到了用户欢迎。2016年，我国互联网医疗用户规模为1.52亿，已经占网民的22.1%。其中，诊前环节的互联网医疗服务使用率最高——在线医疗保健信息查询、在线预约挂号和在线咨询问诊总使用率为18.4%；而在医药电商和互联网健康管理、慢病管理、预约体检、健康保健等领域，也有了数百万级的用户群体。

三、监管政策的四个阶段

互联网医院行业作为一个与政策强相关的行业，任何分析必须建立在对政策解读、监管梳理的基础上，所以我们首先从政策演进方向去分析互联网医院的发展之路。

国家对互联网医院的监管经历了“试水探索期——试验试点期——严厉监管期——规范发展期”四个监管阶段，如图 1－4 所示。

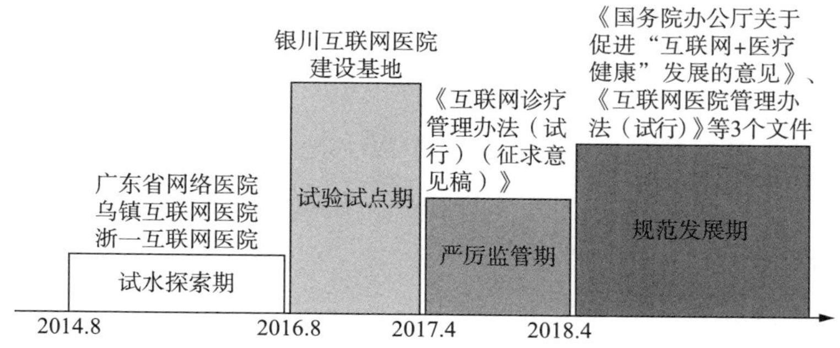

图 1－4　互联网医院监管政策变化的四个阶段

1. **试水探索期**（2014. 8—2016. 7）

2014 年 8 月 29 日，《关于推进医疗机构远程医疗服务的意见》颁布，2015 年 12 月 7 日，微医与桐乡市人民政府联合成立的乌镇互联网医院开业，成为首家互联网医院。2016 年 2 月 16 日，浙江大学附属第一医院成立浙一互联网医院，这是第一家由三甲医院牵头成立的互联网医院。这个阶段没有政策文件，各个企业尝试创新探索，互联网医院开始在部分地区出现。

2. **试验试点期**（2016.8—2017.4）

银川作为互联网医院建设试点基地，2016－2017年，银川市相关部门先后颁布《关于印发银川互联网医院管理工作制度的通知》《银川互联网医院管理办法（试行）》《银川市互联网医院管理办法实施细则（试行）》等政策，引导企业建设互联网医院。2017年3月19日，银川市政府与丁香园、北大医信、春雨医生、医联等15家互联网医疗企业集中签约，15家互联网医院集体入驻银川智慧互联网医院基地，轰动了整个行业，各地效仿银川，兴起了互联网医院的建设热潮，全国先后共计超过50家互联网医院成立。

3. **严厉监管期**（2017.5—2018.3）

在2017年5月9日，国家卫健委的一份《互联网诊疗管理办法（试行）（征求意见稿）》和《关于推进互联网医疗服务发展的意见（征求意见稿）》，要求以前设置审批的互联网医院、云医院、网络医院等，设置审批的县级以上地方卫生计生行政部门应当在本办法发布后15日内予以撤销，让刚刚兴起的互联网医院陷入了沉寂，行业的发展进入了寒冬。

4. **规范发展期**（2018.4—现在）

2018年4月，国家领导人先后在华山医院、银川互联网医院建设基地考察，对互联网医院的建设给予了高度认可和评价。随即在2018年4月28日，《国务院办公厅关于促进“互联网＋医疗健康”发展的意见》正式对外发布，鼓励支持互联网医院的发展，行业终于迎来“定音锤”。5月，国务院副总理孙春兰视察乌镇互联网医院。随后，在9月14日，国家卫健委又发布了《互联网诊疗管理办法（试行）》《互联网医院管理办法（试行）》《远程医疗服务管理规范（试行）》三大文件，分别对互联网诊疗、互联网医院、远程医疗服务的管理做出了详细规定，标志着互联网医院已经进入规范发展阶段。

目前，全国各省市陆续转发关于互联网医院的三个管理办法，加快制定互联网医院实施细则，各地进度不一。

2018 年，已建立起互联网医院省级监管平台的省份有四川省、山东省、宁夏回族自治区、新疆维吾尔自治区等。

互联网医院监管政策涉及设立、运营、日常监管、处方共享、医生绩效及物价制定等方面，不可能一蹴而就。我们可以看到对互联网医院监管尝试时间最长，探索最深入的银川市在 3 年时间里发布了 10 个相关文件对监管体系进行完善，如表 1－1 所示。

表 1－1　互联网医院监管政策汇总表

序号	名称	文号	发布时间	主要内容
1	互联网诊疗管理办法（试行） 互联网医院管理办法（试行） 远程医疗服务管理规范（试行）	国卫医发〔2018〕25 号	2018 年 9 月 14 日	对互联网诊疗、互联网医院、远程医疗的准入、执业规则、监督管理做出了详细的管理规范
2	国务院办公厅关于促进“互联网＋医疗健康”发展的意见	国办发〔2018〕26 号	2018 年 4 月 28 日	从国家层面对互联网医院的边界、医疗服务内容、医疗安全等内容做了规范指导
3	关于印发进一步改善医疗服务行动计划（2018－2020 年）的通知	国卫医发〔2017〕73 号	2018 年 1 月 4 日	对医疗机构开展远程医疗服务设置了具体的考核指标

续表

序号	名称	文号	发布时间	主要内容
4	互联网诊疗管理办法（试行）（征求意见稿）	未公开	2017 年 5 月 19 日	要求以前设置审批的互联网医院、云医院、网络医院等，设置审批的县级以上地方卫生计生行政部门应当在本办法发布后 15 日内予以撤销并按新规定重新申办
5	银川市互联网医院医疗保险个人账户及门诊统筹管理办法（试行）	银政办发〔2017〕39 号	2017 年 3 月 10 日	涉及银川市互联网医院参保人员资格、报销范围、报销额度、报销流程等内容
6	银川市互联网医院管理办法实施细则（试行）	银政办发〔2107〕38 号	2017 年 3 月 10 日	明确了银川市互联网医院规划布局、设置审批、校验、从业医（药）师认证等方面的具体实施细则
7	互联网医院职业医师准入及评级制度	银政办发〔2017〕37 号	2017 年 3 月 10 日	涉及银川市互联网医院医师准入标准、评级管理、评级指标及评级结果应用等内容
8	银川互联网医院管理办法（试行）	银政发〔2016〕249 号	2016 年 12 月 12 日	涉及银川市互联网医院机构设立、医师备案、医事服务、药事服务等方面的管理要求
9	关于印发银川互联网医院管理工作制度的通知	银卫计通〔2016〕187 号	2016 年 8 月 17 日	涉及银川市互联网医院医疗、医师、病案、药事、信息安全 5 大方面的管理制度
10	关于推进医疗机构远程医疗服务的意见	国卫医发〔2014〕51 号	2014 年 8 月 29 日	明确了医疗机构实施远程医疗的条件、服务内容、管理规范等内容

延伸阅读

互联网医疗与一座城的里程碑！互联网医院为何扎堆宁夏银川？

2018年4月底，银川“互联网+医疗”的模式获得肯定。2018年6月，国家领导人来银川市医院调研，实地考察了银川模式，对此非常重视，指出银川模式能解决西部当前优质医疗资源不充分的问题，并倡议宁夏要把“互联网+健康”做成一个试点，摸索一些经验，逐步推向全国。

为什么是宁夏银川？

银川市地处西北，属欠发达地区，但却在2013年提出建设智慧城市，并走在了前列。作为全国第二批智慧城市建设试点城市，银川市重点打造以商业模式、管理模式、技术架构、专业监管、立法保障、改革创新为支撑，以提高管理水平、便民利民惠民、发展智慧产业为目标的智慧城市“银川模式”。

以银川市为蓝本的智慧城市成熟度模型作为智慧城市评估基准，并在美国亚特兰大等5个城市进行推广。银川“智慧城市”，与贵阳的大数据、乌镇的互联网一起，成为大数据时代的“中国名片”。

在智慧城市建设过程中，银川市重点布局“互联网+”，并以互联网医疗产业作为重要抓手来推进智慧产业集群式发展。希望通过打造全国互联网医院基地和国家健康医疗大数据中心，立足西北，辐射全国，推动医疗大健康发展。

据银川市副市长郭柏春介绍，供给侧改革不仅要解决一些行业供给过剩问题，还要解决一些行业供给不足问题。看病难、看病贵就是医疗行业供给不足的表现，看病难显示出医疗资源供需整体上还存在较大缺口，看病贵除了存在因短缺而形成垄断收费因素外，医疗资源分布不均衡而增加的非医疗费用也是一个重要因素，中西部地区病人到“北上广”大医院寻医治疗的费用中，吃住行等非医疗费用占整体费用30%～50%。

互联网医院的出现可以有效缓解看病难、看病贵这一痼疾，“北上广”等地医生加入互联网医院进行多点执业，等于整合这些医生的碎片时间，再造了2～3倍量的医生资源，增加了医疗资源的供给。同时，这些优质的医疗资源通过信息技术下沉到医疗资源比较匮乏的中西部地区，方便了当地居民，省去了鞍马劳顿，也省去了诊疗、治疗过程中的非医疗费用。

在银川，互联网医院产业如何落地？

（1）优惠的政策。

税收优惠：为互联网医院落户银川，形成产业集群提供税收优惠；

评价体系：建立互联网医院医生诊疗评价体系，下放医生评定权限给互联网医院，以在线问诊数量、质量评定医生水平，形成考核机制；

多点执业：简化医生多点执业办理流程，取消多点执业数量和地域限制；

处方权：明确互联网医院电子处方合规性，同时放开处方流转限制；

医保结算：给予互联网医院同等医保结算待遇等。

（2）采取五级医疗体系。

互联网医院承担着“智慧银川”五级医疗体系承上启下的重要作用，居民在家中利用健康体检仪（第一级）即可实时监测21项生命体征指数，社区卫生服务站的家庭签约医生（第二级）可对数据进行分析并提供诊疗服务，必要时借助网络医院（第三级）的辅助诊疗功能对接本地三甲医院（第四级），互联网医院专家对基层家庭医生进行指导，疑难重症患者可由接诊会诊中心邀请互联网医院的“北上广”域外专家（第五级）及时会诊。按照疾病的轻、重、缓、急及治疗的难易程度和区域内医疗资源配置进行分级，来缓解看病难问题。

（3）提供医生服务平台。

将医院、医生、患者和数据通过互联网连接在一起，赋予医生在患者授权后医疗信息随取随用的权利，方便查找患者的基本疾病信息、诊断、症状等，为医生从多点执业到自由执业的跨域提供更大的自由。同时，患者可通过服务平台，利用网络实现远程“求医问药”，向多位医生咨询，选择回答最为迅速，或最细致耐心的医生，掌握更大的主动权。

对于宁夏银川，这座地处西北、经济并不发达且医疗资源不足的城市而言，互联网医院产业集群的出现不仅能再造其医疗资源，还可以优化医疗资源配置，在一定程度上解决基层看病难等现实问题。

除了这些直观作用之外，互联网医院产业集群对于银川而言还有不可估量的衍生价值。这些互联网医院虽然在银川注册，但其业务却是面向全国，产生的数据是全国性的。依托智慧银川的技术基础，这些全国性的医疗大数据产生裂变之后的价值将不可估量，对这些医疗数据的挖掘将会直接辐射医疗、制药、健康、养老、会展等相关产业。

可以预见，以银川作为大健康医疗产业集聚地，依托医联体、医共体强大的虹吸效应，伴随云计算、大数据及人工智能技术的逐渐成熟，以及商业模式的创新，将会逐步集聚与医疗健康相关的产业，带动诸如健康服务业、医药电商、康复护理、健康养老、医疗信息化、运动健身、生物技术、医疗器械、医美行业等产业在银川的落地与发展，以此提升当地的健康管理水平。

四、在探索中发展

（一）互联网医院创新技术的艰难探索

在新技术的推动下，经过几年发展，“互联网 + 医疗”主要探索了两条道路：一条以互联网公司驱动；另一条路以传统医院自驱动。这两条路相对独立，都没有释放足够的价值。前者亟待突破资质限制，提供核心医疗服务；后者面临医生资源有限，打通医药险价值链乏力的困境。

互联网医院是第三条道路。其价值在于通过先进技术整合产业各个核心环节，可以缓解供需矛盾，优化资源配置，提高产业运行效率，让优质资源惠及更多民众。

1. 第一条道路的探索

以互联网公司驱动的这条路径，典型代表是早期的春雨、好大夫与挂号网。他们以提供网络预约挂号、院外候诊、诊金支付、检查检验报告查询等便捷就医网络服务，或者以提供在线咨询问诊服务为主要服务模式。

“互联网 + 医疗”路线由于缺乏医疗机构资质，互联网企业对于整合医生资源存在障碍，在线咨询问诊主要利用医生的闲时时间。但是三甲医院的优质医生闲时时间非常有限，而基层医生的技能和信任问题在这个阶段并没有出现有效的解决方案。大医院门庭若市，小医院门可罗雀的情况依然存在，通过在线咨询缓解门诊压力的作用有限。

更深层次的问题是，由于没有医疗机构资质，这些企业仅能够提供咨询、预约挂号等医疗非核心服务，无法实现医疗服务闭环，这也导致企业难以盈利，纷纷寻求转型升级的路径。

2. 第二条道路的困境

除了互联网企业天然的寻求驱动“互联网 + 医疗”路径之外，医院也逐步开启医院信息化到网络医院、线上院区的升级之路。例如典型代表是早期的北大人民医院、华西医院，后起之秀浙大一院搭建线上院区，提供在线问诊服务。除此之外，省级统一挂号平台也顺应移动互联网发展的趋势，浙江、贵州、海南等地的统一挂号平台均开发有移动端 APP，将患者导向移动端，并拓展移动医疗服务。

单体或医联体医院虽然也从医院信息化向线上院区迈进，甚至在进行区域内多层级的转诊通道的建立。这种连接更集中于以一家大型优质医疗机构为核心节点，向下垂直扩展到区域内的基层医疗机构，释放的是单家优质医疗机构的资源能力。而大医院可有效调配的医生资源紧张，建立网络通道，并不能从本质上缓解大医院的拥挤，基层医院无病可看的困境。

除此之外，医院在横向拓展价值链（医险药）和纵向跨区域连接（连接更多层级，特别是跨区域医疗机构）上整体乏力，也不能从根本上改变医疗资源分布不均这一顽疾，同样亟待探索融合升级路径。

3. 第三条道路的实践

鉴于前述两条道路各自独立、竞争性强，在实践中难以融合，新道路换了一种思维，着眼于合作，旨在实现“互联网 + 医疗”的“ + ”两端的充分融合，解决互联网医疗企业无法提供医疗服务与医院无法拓展连接两大问题。

互联网医院被业界看好，正在作为一种新的服务形态。互联网医院能够实现三方共赢，为医院系统、患者和政府监管带来巨大价值。

首先，互联网医院拥有线下依托或自建的实体医疗机构，能够具备全科医生建设的基础。在医院端，有助于优质医疗资源下沉、优化基层医生的技能，提升基层医生首诊能力。另外，通过在线协作沟通平台，可以组建跨区域的专家与基层医生协作活动，向基层医生、基层医疗机构输出技术支持和培训工作。

其次，实现医疗大数据共享，推动分级诊疗发展。互联网医院为此建设了数据系统，包括电子健康档案系统、电子病历系统、电子处方与在线医嘱系统、远程诊疗系统、处方审核与药品配送系统、支付与结算系统（含保险）等在线系统功能。监管机构可以通过基层医疗机构与上级医疗机构的电子病历间的数据连通、数据共享，实现国家对医疗服务运行状况的整体感知，辅助医疗改革优化决策。

最后，通过互联网医院，不仅可将优质资源分享到中国社会的各个阶层，用户可以便捷就医，降低医疗成本；更重要的是还能够分享到经济不发达的农村和偏远地区，辅助解决不发达地区“因病致贫、因病返贫”的问题。

（二） 互联网医院发展应具备的要素

互联网医院需要具备哪些关键要素能力，才能够具备持续服务能力，而不是昙花一现？

1. 前置条件

（1）资质。

互联网医院必须具备前置医疗资质条件，无此，一切无从谈起。互联网医院要涉及医疗活动，必须要按照政策规定申请独立的医疗机构牌照，否则医生无法实现多点执业，医院无法实现收费。而这个前置条件，又给互联网医院提出了更高的专业运营素质要求，要具备独立承担责任的能力。

（2）技术。

随着互联网医院平台可连接资源的增长，基于平台所实现的远程视频诊疗、在线精准医疗匹配等业务将出现大流量特征，互联网医院必须能够支持上亿医患用户同时在线开展相关诊疗活动的大规模并发处理。互联网医院需要具备支持大流量高并发的技术储备与应用实践能力，保障在线运营支撑的可靠性、稳定性。

（3）安全。

医疗涉及生命健康与个人隐私问题，质量与安全是实现“互联网＋医疗”的重要前提保障。由于涉及核心医疗服务，互联网医院是否具备专业充足的医药管理人才和具备资质的专业医生，线上线下诊疗活动是否具备科学合理的流程规范，保障医疗安全，都是互联网医院未来要面临的考核难关。另外，互联网平台为医疗服务提供技术支撑，需要将信息安全问题放在重要的建设议题上。如何防范医疗数据泄露风险，需要从信息安全保障机制、预警机制全面着手，提高安全监管能力。

2. 运营关键

（1）服务链闭环。

其原因可归结为三个需求。第一，法理需求。互联网医疗提供在线诊疗服务必须具备医疗资质，并按照相关要求配备必要的场地、床位、设备和医务人员。第二，医疗需求。医疗服务包含诊断、检查、治疗、手术等多项内容，有些医疗服务如首诊、检查、手术必须在线下才能完成。第三，患者需求。线上线下割裂的医疗服务与患者追求便捷、高效、低价的需求不符，很难获得用户欢迎。

（2）业务链闭环。

医院、医生、患者、政府、药企、保险共同构成了医疗六大资源要素。虽然资源要素之间关系错综复杂，但是需要正视的是一次完整的医疗活动背后是这几大要素共同作用的结果，是不可分割的完整链条。互联网医院在进行基础的医疗资源配置和医疗服务闭环的基础上，未来的另一大竞争关键点还要包括是否能够打通医药险全业务链闭环。

（3）价值链闭环。

互联网医院必须是一个开放、共享的平台，以实现大量、高效、精准的连接和匹配。互联网医院的复诊、会诊和转诊服务，都有赖于医疗健康信息，尤其是基于电子病历的临床大数据互联互通。

（三）互联网医院发展的趋势

1. 云端分级诊疗服务平台

由政府牵头，在一定区域内，二三级医院与基层医疗机构建立长效合作机制，形成以大医院为依托、以专职医生或者医生的专职时间为保障、以基层医疗及家庭为触角的云医疗生态圈。患者可以在互联网医院平台上随时掌握自己的病情，平台上各医疗机构的信息都将汇集在一起方便各院实时了解，患者能够通过这个平台得到医生最深入的实际服务。云平台的功能性更强，病人与这个平台是有黏性的，针对复诊患者，病人的数据都存在于平台之上，便于随时掌握与了解，通过这个平台可以进行追踪与回访。

2. 人口健康管理与服务平台

随着互联网医院深入连接医院、医生和患者，实现信息、服务和数据连接后，在完成医、险、药的打通之后，从解决低频医疗服务需求向健康服务需求的转变，在结构化大数据基础之上，提供精准的个性化健康管理服务。

3. 医生自由执业的服务平台

医院、医生、患者和数据通过互联网连接在一起，赋予医生在患者授权后医疗信息随取随用的方便，无论在什么场所，都可以方便查找患者的基本疾病信息、诊断、症状等，为医生从多点执业到自由执业的跨域提供可能，赋予医生更多的自由。

虽然互联网医院要实现对于现有医疗体系价值提升的变革，仍有很多因素需要破冰。互联网医院作为一种被寄予通过互联网实现医疗服务优化美好愿景的新服务业态，无论是医院、互联网服务商，还是政府，都在不断探索创新互联网与医疗之间的融合点，互联网医院下一步的发展路径，价值的释放值得持续关注。

第二章

互联网医院的建设与运营

一、互联网医院的设立

根据《互联网医院管理办法（试行）》及多家互联网医院的申领经验，目前申请设立互联网医院需要如下材料：

设置申请书、可行性报告、信息拓扑图、对外合作项目证明文件、医疗专家库证明材料等。

《互联网医院管理办法（试行）》明确建立省级互联网医院监管平台是批复互联网医院执业许可的前置条件。大部分省市还未建立起完善的互联网医院监管体系，结合多家互联网医院反馈，目前新设立互联网医院周期有所延长，审核尺度有所趋紧，并且部分地方政府对企业在当地设置互联网医院运营公司注册资本有一定要求，我们统计了167家目前注册名中涉及“互联网医院”企业的注册信息，发现他们的注册资本数集中在1000万元，2018年注册地集中在宁夏回族自治区和广东省，如图2－1、图2－2所示。

（一） 互联网医院申请材料

1. 设置申请书

主要包括申请单位名称、基本情况，以及申请人姓名、年龄、专业履历、身份证号码。

2. 可行性报告

主要包括国内互联网医疗服务发展概况、互联网医疗产业资源分布服务需求分析；拟设医疗机构的名称、功能、任务、服务

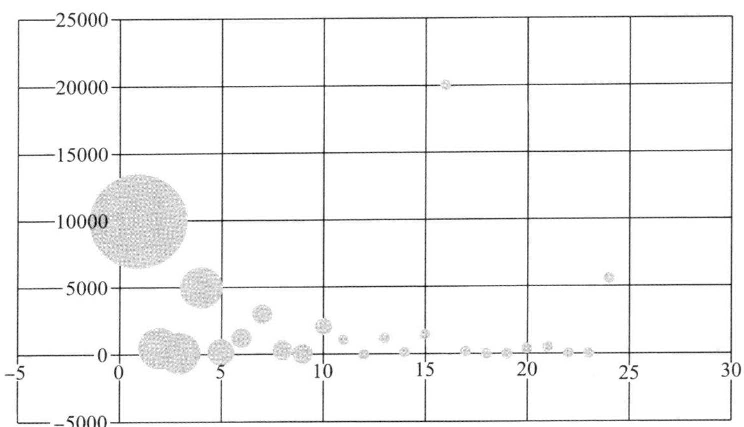

图 2-1 “互联网医疗”企业注册资本数（万元）

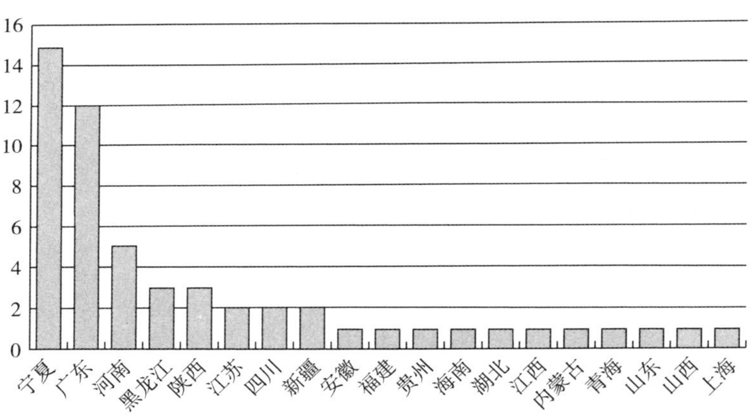

图 2-2 2018 年年内注册互联网医院注册地分布

方式、组织结构、人员配备、仪器设备配备；资金来源、投资方式、投资金（资本）；五年内的成本效益预测分析；申请设计单位或者设置人内容。

3. **其他材料**

实体医疗机构地址、医疗机构规章制度、验资证明及资产评估报告、代表人或者主要负责人，以及各科室负责人名录和有关资格证书、执业证书复印件。

（二）互联网医院建设标准

根据国家卫健委颁布的《互联网医院管理办法（试行）》政策，互联网医院的建设至少应包括诊疗科目、科室设置、医务人员、房屋和设备设施、规章制度5个方面的内容，如图2－3所示。

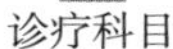

- 不得超出所依托的实体医疗机构诊疗科目范围

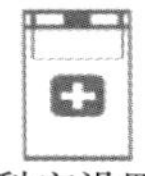

- 与所依托的实体医疗机构临床科室保持一致
- 必须设置医疗质量管理部门、信息技术服务与管理部门、药学服务部门

- 临床科室对应的实体医疗机构临床科室至少有1名正高级、1名副高级职称的执业医师注册在本机构（可多点执业）
- 专人负责互联网医院的医疗质量、医疗安全、电子病历的管理、信息系统维护等
- 专职药师负责审方，业务时间至少有1名药师在岗审核处方
- 相关人员必须经过医疗卫生法律法规、政策、制度、流程规范等培训

- 服务器不少于2套，数据库服务器与应用系统服务器需划分
- 至少有2套开展互联网医院业务的音视频通讯系统
- 至少由两家宽带网络供应商提供不低于10Mbps的网络宽带服务
- 建立数据访问控制信息系统，与实体医疗机构的HIS、PACS /RIS实现数据交换与共享
- 具备远程会诊、远程门诊、远程病理诊断、远程医学影像诊断和远程心电诊断等功能
- 信息系统实施第三级信息安全等级保护

- 建立互联网医疗服务管理体系和相关管理制度、人员岗位职责、服务流程。规章制度应当包括互联网医疗服务管理制度、互联网医院信息系统使用管理制度、互联网医疗质量控制和评价制度、在线处方管理制度等内容

图2－3　互联网医院基本标准内容要点

从文件具体要求可以看到，在诊疗科目和科室设置方面，互联网医院必须与线下依托的实体医疗机构一致，不得超出实体医疗机构的诊疗科目和临床科室范畴。这是出于医疗安全的考虑，互联网医院的医疗服务能力只有在实体医疗机构服务的能力范围内，才能确保线上诊疗的安全，有利于参照实体临床科室对相关医疗行为进行监管。

在医务人员方面，政策也提出了高标准配置要求，每个临床科室至少需要 1 名正高、1 名副高职称的注册医师提供诊疗服务，专职药师提供在线审方服务，以及专职人员负责医疗质量安全和信息系统维护服务。可以看到，在医疗、药品、信息等方面对相应人员的资格都做出了规定，在确保医疗安全的前提下提高医疗质量。例如，39 互联网医院在远程医疗服务方面，就对发起方医生、接收方专家和远程医生助理规定了从业资格和条件，如图 2－4所示。

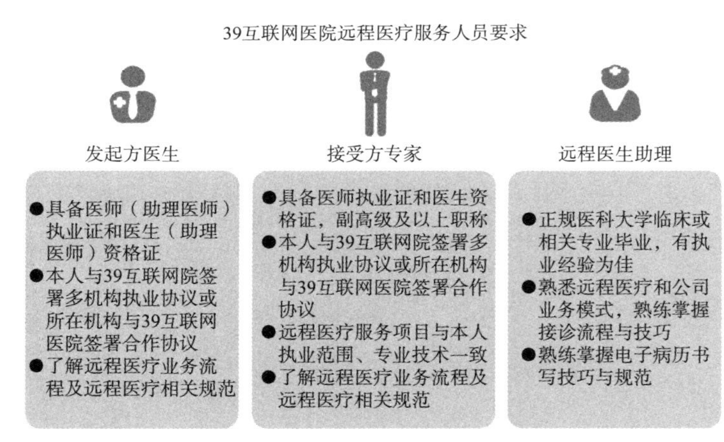

图 2－4　39 互联网医院远程医疗服务人员要求

房屋和设备设施是开展互联网医疗服务的基础，远程会诊、远程门诊、远程病理诊断、远程医学影像诊断、远程心电诊断等相关医疗服务都需要通过音视频通信系统才能实现。政策规定了互联网医院信息系统服务器、网速、音视频设备的基本配置要求，并且还要求建立数据访问控制系统，与实体医疗机构的 HIS、PACS/RIS 等系统实现数据交换与共享，可以更好地实现线上线下的互联互通，保证互联网医疗服务的全程留痕。

在规章制度方面，政策要求建立互联网医疗服务管理体系和相关管理制度、人员岗位职责、服务流程，为整个互联网医院的规范运营搭建制度框架。包括互联网医疗服务管理制度、互联网医院信息系统使用管理制度、互联网医疗质量控制和评价制度、在线处方管理制度、患者知情同意与登记制度、在线医疗文书管理制度、在线复诊患者风险评估与突发状况预防处置制度等内容。

二、互联网医院的信息化改造

互联网医院的建设是依托于实体医院基础上进行的，互联网医院的信息化改造也是在医院原有信息化系统的基础上进行的，通过打通医院信息化系统之间的数据隔阂，重新梳理业务流程，开发出医院对外窗口。目前，医院信息化改造领域已经喊出了“三月百万”的口号。

接下来就以杭州卓健为例，介绍互联网医院信息化改造内容。杭州卓健信息科技有限公司成立于2011年2月，顺应医改大方向，抓住医疗核心诊治业务，自内而外为大中型医院及医疗生态链各环节提供互联网化解决方案，打造智慧医疗生态闭环。

目前拥有互联网医院、医联体、医生教学平台（医链）、处方流转平台（橄榄云）、药店诊所化平台（橄榄诊所）等产品，打造围绕医院、医生、患者、药品、诊所等各方角色服务的“互联网+服务平台”，具备业内领先的“互联网+智慧医院”“互联网+智慧医药”“互联网+智慧医教”三大解决方案，拥有行业最强运营团队可提供医疗实业增值服务，是互联网医疗领域中最具成长性的高科技企业。作为腾讯战略布局医疗行业核心企业，是互联网医院信息化建设的中间力量。

目前，卓健科技已经打造出完整的互联网医院解决方案，如图2-5所示。项目实施周期已经缩减至最短3个月上线，基础服务功能费控制在百万以内，整体费用根据功能模块增删。

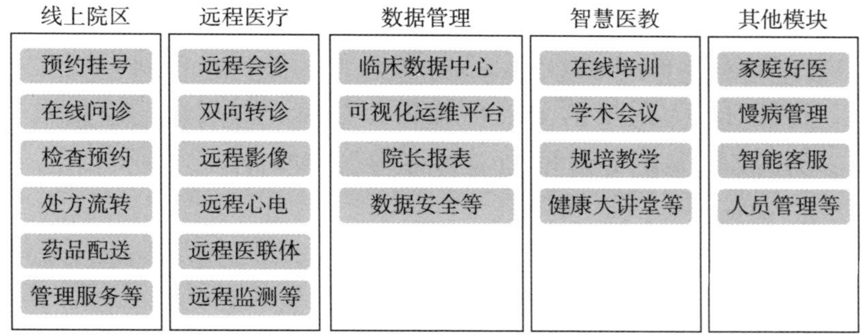

图2-5　卓健科技互联网医院解决方案

1. 线上院区

针对没有时间前往医院就诊的人群，都可以随时通过图文咨询或远程视频的方式进行线上问诊，极大地优化患者的就医体验，节约大量的就医时间。卓健科技的线上院区板块提供预约挂号、在线问诊、检查预约、处方流转、药品配送、管理服务等功能。其核心优势在于完善的医患业务及功能体系，为医院定制线上业务多种解决方案，与医院 HIS 实现无缝衔接，整合电子病历、电子处方等医疗大数据资源，为医院打造线上线下一体化医疗服务。

2. 远程医疗

通过远程会诊、双向转诊、远程影像、远程心电、远程监测、学科协作、远程超声、远程病理等服务，进一步发挥核心医院的医疗资源优势，为基层医院提供远程医疗服务，提高协作医院的医疗服务水平。卓健科技具有 10 年的远程医疗服务经验，能够实现 WEB、APP、企业微信等多终端并进，消除地域、时间限制。

3. 数据管理

数据管理服务主要是为医院提供病历数据、问诊数据、检查检验数据、处方数据、药品数据等结构化、可视化管理。在确保数据安全的前提下，发挥医疗大数据的应用价值，更好地帮助医生进行疾病治疗，提高医疗服务的效率。卓健科技能够统一接口，实现对各类数据的采集和结构化存储，并建立医疗大数据库，为后期的数据分析和AI深度学习做好准备。

4. 智慧医教

智慧医教致力于让互联网医院管理者精细化组织医疗在线学习、培训、考核，实现诊疗行为跨学科、跨区域的医疗资源高效整合，助力医生在诊疗过程中沉淀医学智慧，为优质医疗资源的双下沉、两提升提供信息化支撑。

5. 其他模块

卓健科技在做好互联网医院核心功能解决方案的基础上，同时还提供家庭好医、慢病管理、智能客服、人员管理等方面的解决方案。

目前，卓健科技累计为包括浙大附一院、浙江大学医学院附属妇产科医院、东南大学附属中大医院、江苏省人民医院、绍兴卫健委在内的32家医院或医疗政府主管部门提供了互联网医院解决方案，如表2－1所示。

表2－1　卓健科技互联网医院项目列表

序号	项目名称	序号	项目名称
1	浙一互联网医院	17	四川省互联网妇女儿童医院
2	浙大妇院互联网医院	18	浙江省人民医院肾脏病科互联网医院
3	中大医院互联网医院	19	上海国际医学中心互联网医院
4	江苏省人民医院互联网医院项目	20	河南省人民医院互联网医院
5	绍兴市药事服务平台项目一期	21	丽水市人民医院互联网医院
6	浙江省台州医院互联网医学中心	22	杭州张同泰互联网医院
7	开封市人民医院掌上医院/互联网医院	23	浙一互联网医院浦江分院

续表

序号	项目名称	序号	项目名称
8	杭州九和医院有限公司互联网医院项目	24	台州中心医院智慧云医院项目
9	致公党互联网医院	25	南通六院互联网医院暨医联体建设
10	湖北省互联网医院	26	深圳市眼科医院互联网医院建设
11	“健康嘉兴”掌上应用系统二期建设项目	27	兴齐眼科互联网医院
12	浙江省人民医院互联网医院	28	九洲医药互联网项目
13	安徽医科大学附属第一医院互联网医院	29	东营市卫计委区域互联网医院
14	思睿明互联网医院项目	30	吉林大学第二医院“银医自助项目”软件产品及系统服务项目
15	滨州医学院烟台附属医院互联网医院	31	北京医院互联网医院
16	浙江省眼科互联网医院	32	浙大儿院掌医图文咨询

三、互联网医院的医疗服务

（一） 医疗服务运营规范

目前已有的互联网医疗服务运营规范主要覆盖诊前服务、诊断服务、开方服务、药品服务、住院服务等环节，还缺乏规范细则，我们将资料进行了总结，如表 2-2 所示，供大家参考。

表 2-2 互联网医院医疗服务运营规范

环节		核心要点
诊前服务	在线预约分诊	医患匹配、层级诊疗
诊断服务	在线诊疗	资料完整、及时应答
	在线协调检验检查	就近原则、结果上传
	在线会诊	院内会诊、院外会诊
	在线转诊	病情优先、定期回访
开方服务	在线开方	电子签名、当日有效
	在线审方	书写规范、用法用量
	处方点评	一般统计、专项点评
药品服务	药品购买	线上购买、线下购买
	在线支付	移动支付、医保对接
住院服务	在线协调收入院	住院申请、开具证明
	在线协调转院	上下接诊、联系协作
	院后在线随访	患者报到、康复指导

1. 诊前服务

为了提高在线诊疗的有效性，需要对医患双方进行精确匹配，包括专业匹配和难易匹配。专业匹配即根据医生的擅长方向和患者的疾病类型做匹配；难易匹配即根据医生的权威程度和病例的严重程度做匹配。另外，需要遵循层级诊疗原则进行分诊，常见多发疾病优先匹配地市级医生，疑难危重症匹配北上广权威专家。

2. 诊断服务

（1）在线诊疗。

依据最新发布的《国务院办公厅关于促进“互联网＋医疗健康”发展的意见》（国办发〔2018〕26号）相关规定，在线诊疗目前仅限于对部分常见病、慢性病复诊。为了医生更好地掌握患者的情况，患者需向医生提供完整的病史和相关检查资料，医生应当及时应答患者问题，及时有效解答患者问题。

（2）在线协调检验检查。

针对异地在线就医患者，由于检验检查资料不足，导致医生无法做出诊断的情况，采取就近原则，为患者协调当地二级及以上医院或符合要求的机构完成检验检查，并由分诊中心将结果上传至互联网医院，为医生诊断提供支撑。

（3）在线会诊。

在线会诊是医生端对医生端的连接，由接诊医师通过互联网医院的医生终端发起邀请，填写电子会诊单，内容必须包含患者姓名、病情摘要（患者病情和当前诊治方案）、拟邀请医师、会诊目的、会诊时间。受邀医师在指定时间通过视频、图文、语音等方式进行会诊。会诊模式主要包括院内会诊和院外会诊两种模式，主要根据患者病情复杂程度确定在线会诊的模式。

（4）在线转诊。

在线转诊遵循病情优先制原则，患者病情符合医生要求，才可通过转诊审核。同时，接诊医生要对患者就医情况进行定期电话回访。

3. **开方服务**

（1）在线开方。

电子处方是指由注册的医师在互联网线上诊疗活动中为患者开具的、由取得药学专业技术职务任职资格的药师审核、调配、核对，并作为患者用药凭证的医疗文书。医师在开方前需要在注册的互联网医院取得处方权，且必须准确输入其唯一的数字凭证才可完成处方提交，以确保该处方由其本人开具。每张处方不得超过5种药品，中草药处方与西成药须分开开具，处方开具完毕需要进行电子签名（签名式样和专用签章应在药事管理中心留样备查）。处方当日有效，特殊情况下需延长有效期的，由开具处方的医师注明有效期限，但有效期最长不得超过3天。

（2）在线审方。

药师在线审方主要关注书写规范和用法用量合规两个方面内容。药品名称应当使用经药监局批准并公布的药品通用名称、新活性化合物的专利药品名称和复方制剂药品名称，药品用法用规范的中文、英文、拉丁文或者缩写体书写。药品用法用量应当按照药品说明书规定的常规用法用量使用，开药量严格执行“急性病不超过3天用量，慢性病不超过7日用量，行动不便的不超过2周用量”的规定。

（3）处方点评。

处方点评涉及用药适应证、药物选择、给药途径、用法用量、药物相互作用、配伍禁忌等方面的评价标准，发现存在或潜在的问题，制定并实施干预和改进措施，促进临床药物合理应用。处方一般统计是定期对上月处方进行分析，包括总处方数、平均处方用药品种、平均处方单价等内容；专项处方点评对特定的药物或特定疾病的药物（如国家基本药物、血液制品、中药注射剂等）的使用情况进行处方点评。

4. 药品服务

（1）药品购买。

患者完成在线问诊后，可选择线上或线下两种途径完成药品购买。选择线上购药，医生开具处方后，需经患者同意，并在线操作确认，电子处方通过系统传至互联网医院签约药品互联网电商，患者完成支付后，药品互联网电商按照国家相关规定，完成药品配送。选择线下购药，患者依据在线电子处方，在线下实体药店购药，并按照国家相关规定，给实体药店提供购药所需支持材料。

（2）在线支付。

为患者提供多种在线支付方式，加强医保、商保的接入，尽早实现医疗费用的实时报销。

5. 住院服务

（1）在线协调收入院。

对于病情需要住院且有相应需求的患者，经医师同意并在线开具住院证明后，患者持相应证件和住院证明到指定医院办理入院手续。

（2）在线协调转院。

本级医院无法满足住院患者治疗需求时，由院方或患者本人在线提出转院申请，经科主任或院级领导审批，由分诊中心负责协调、对接转院医院，保证患者顺利转院。

（3）院后在线随访。

通过患者报到方式纳入互联网医师院后管理患者群，通过APP院后随访管理系统，了解患者的治疗效果、病情变化和恢复情况，指导患者如何用药、如何康复、何时回院复诊、病情变化后的处置意见等专业技术指导，并建立患者教育体系、疾病管理日记等管理体系。

（二）互联网医疗服务价格

涉及互联网医疗服务的定价政策各地正在完善中，我们统计了各地物价部门颁布的远程会诊、门诊、诊断、监测的价格，力求完整，如表2-3、表2-4所示，供大家参考。

表2-3　部分省级以上公立三甲医院远程会诊/门诊类的价格展示

类别	远程会诊类					远程门诊类		
	远程单学科会诊	远程多学科会诊	同步远程病理会诊	非同步远程病理会诊	远程中医辨证论治会诊	主任医师	副主任医师	主治医师
银川						20元/次	15元/次	10元/次
四川	主任医师：100元/次 副主任医师：80元/次	300元/小时				60元/次	40元/次	30元/次
贵州	主任医师：100元/次 副主任医师：80元/次	320元/小时	180元/次	140元/次	320元/小时			
江苏	200元/次	600元/次	600元/次	400元/次		35元/次	22元/次	12元/次
广西		500元/次	350元/次	260元/次				
湖北	440元/次	1130元/次	298元/次	189元/次	880元/次			
福建	1200元/次	2400元/次						

续表

类别	远程会诊类					远程门诊类		
	远程单学科会诊	远程多学科会诊	同步远程病理会诊	非同步远程病理会诊	远程中医辨证论治会诊	主任医师	副主任医师	主治医师
内蒙古	主任医师：100元/次 副主任医师：80元/次	320元/小时	300元/次	200元/次	320元/小时	50元/次		

表2-4　部分省级以上公立三甲医院远程诊断/监测类的价格展示

类别	远程诊断类					远程监测类			
	远程影像诊断（CR、DR）	远程影像诊断（CT、MRI）	远程心电诊断	远程病理诊断	远程超声诊断	远程心电监测	远程血压监测	远程血糖监测	远程胎心监测
银川	12元/片	CT：200元/部位 MRI：380元/部位				3.9元/小时	6元/小时		8.8元/次
四川									
贵州									
江苏	50元/次	50元/部位	50元/次	300元/次					
广西						6.3元/小时			
湖北		272元/次	238元/次	252元/次					
福建		320元/次		480元/次					
内蒙古		100元/部位	25元/次	200元/次					

项目内容：

远程单学科会诊：指临床一个学科会诊。开通网络计算机系统，通过远程视频系统提供医学资料，对患者的病情进行研讨的单学科的会诊诊治。

远程多学科会诊：指临床多个学科会诊。开通网络计算机系统，通过远程视频系统提供医学资料，对患者的病情进行研讨的多学科、多专家的会诊诊治。

同步远程病理会诊：指临床病理实时会诊。由高级职称病理医师主持的专家组会诊。开通远程医疗网络系统，邀请方医疗机构向受邀方医疗机构提供实时的临床及病理资料，双方通过视频交互方式对患者的病情进行会诊，受邀方将诊疗意见告知邀请方，并出具由相关医师签名的诊疗意见报告。邀请方参考受邀方的诊疗意见，决定诊断与治疗方案。

非同步远程病理会诊：指临床病理非实时会诊。由高级职称病理医师主持的专家组会诊。开通远程医疗网络系统，邀请方医疗机构向受邀方医疗机构提供非实时的临床及病理资料，双方通过视频交互方式对患者的病情进行会诊，受邀方将诊疗意见告知邀请方，并出具由相关医师签名的诊疗意见报告。邀请方参考受邀方的诊疗意见，决定诊断与治疗方案。

远程中医辨证论治会诊：开通网络计算机系统，通过远程视频系统提供医学资料，由中医、中西医结合专家对患者病情进行研讨的会诊诊治，综合中医四诊信息，依据中医理论进行辨治，分析病因、病位、病性及病机转化，做出证候诊断，提出治疗方案。

远程门诊：指通过网络提供电话、语音、图文、视频等技术劳务服务。询问病史，听取患者主诉，记录病情，根据病情开具检查单、提供治疗方案（治疗单、处方等）。

远程影像诊断：开通网络计算机系统，邀请方医疗机构通过向受邀方医疗机构提供病患临床及 CR、DR、CT、MRI 影像资料，由受邀方出具诊断报告。

远程心电诊断：开通网络计算机系统，邀请方医疗机构通过向受邀方医疗机构提供病患临床及心电检查检测资料，由受邀方出具诊断报告。

远程病理诊断：开通网络计算机系统，邀请方医疗机构通过向受邀方医疗机构提供病患临床及病理资料，由受邀方出具诊断报告。

远程超声诊断：开通网络计算机系统，邀请方医疗机构通过向受邀方医疗机构提供病患临床及超声检查资料，由受邀方出具诊断报告。

远程心电监测：指皮肤清洁处理，安放并固定电极，使用心电监测远程传输系统，指导患者使用，事件发生时患者触发心电事件记录器记录并处理，经电话、手机、网络、卫星系统等传输至医师工作站进行分析。

远程血压监测：使用血压监测远程传输系统，远程实时监控患者 24 小时动态血压情况，异常血压事件发生时，及时通知患者处理，预防不良事件发生。

远程血糖监测：对糖尿病患者的血糖指标监测、数据分析、预警提示、及时制定相应的治疗方案等血糖专项监控的项目（不含实验室检验）。

远程胎心监测：通过网络传输系统，连接孕妇终端胎心监护仪，指导孕妇定位胎心并固定胎心探头，将宫缩探头固定于宫底，持续监护，出具监护报告。

四、互联网医院监管平台搭建

互联网医院建设遵循一个原则：在给患者带来便捷的同时，医疗的质量和安全不能下降。

2018 年 5 月 8 日上午，银川市大数据管理服务局与市卫生健康委联合召开发布会，宣布银川互联网医院监管平台正式上线运行。

互联网诊疗平台的运营合规性、医院资质、医生信息备案，诊疗行为中的在线问诊、分诊、开具处方、会诊、病历书写、药品配送等核心业务都将通过“自动核查预警 + 人工干预方式”进行实时监督和管控。

自 2017 年银川正式开展“互联网 + 医疗健康”事业，好大夫、丁香园等多家全国知名互联网医疗企业入驻银川，北上广等地的优秀医生也纷纷加入开展多点执业。截至 2018 年 5 月初，银川市的互联网医疗企业已达到 29 家，企业集群初步形成。

如何加强对互联网医院的监管，保证互联网医院线上诊疗的安全与合法性，满足互联网医院政策制度的要求，成为实际面临的问题。为此，银川市政府创新监管模式，运用信息化手段搭建互联网医院监管平台，对互联网医院进行全过程、全方位、全自动在线实时监管。

从“智慧医疗”数据平台建设整合与调用、五级医疗体系规划与建设到“互联网 + 医疗”企业集聚、打造“互联网 + 医疗”基地，银川互联网医疗发展的每一进程，北大医信都深度参与其中。依托自身专业的技术能力、客户基础及北大医疗丰富的医疗资源，在银川市政府、市大数据管理服务局、市卫健委的指导下，北大医信参与了银川市互联网医院平台的设计与开发工作，共同打造出银川互联网医院监管平台。

银川市大数据局局长王川表示，互联网医院监管平台是银川线上监管模式的突破与创新。他指出，结合互联网诊疗行为网上留痕特征，通过反复研究与论证，互联网医院监管平台从医疗、医保和医药三方面对互联网医院业务进行监管。事前提醒、事中控制、事后追溯实现了全过程监管，强大的数据覆盖实现了数据－角色－业务全方位监管，大数据和医疗知识图谱等技术，实现对医疗行为、用药合理性、诊疗水平、医疗花费等重新组合和定义，并设定不同的阈值，达到了自动化智能监管与预警。

王川强调，监管的目的是为了促进互联网医院健康、快速地发展。未来，银川互联网医院监管平台将进一步明确行为边际、强化责任、提高监管能力、扩大监管范围。

银川市卫健委副主任雷静表示，“互联网＋医疗健康”作为新生事物，要确保群众的健康安全和数据信息安全，监管尤为重要。利用互联网医院监管平台，银川市卫生健康部门会对互联网医疗机构实行线上、线下相结合的监管模式，在事前和准入监管、事中监管、事后管理等方面，进行全方位的监管。

北大医信区域医卫信息系统产品部副总经理柳春杨指出，监管平台从 2017 年年底试运行开始，到 2018 年 5 月初，已对接签约机构 14 家，对各互联网医院已开展业务数据全程跟踪查验。同时，对于申请中的互联网医院提前进行数据整合的开发调试，指导新加入的互联网医院完善数据记录，并在业务合规性、易用性方面逐步完善和提高。

由于各家互联网医院平台是陆陆续续开展业务，每家各有不同，业务平台采用了不同的架构和服务模型，互联网医院监管平台需要实时监管各个互联网医院的业务，必然要求监管平台本身高性能、高并发，对应于医疗数据，必须满足安全、隐私保护的需求，同时还要保障数据交换平台的灵活性和可扩展性，能够适应不断变化、新增的业务功能。

首先，为了保障可以实现全数据监管，要求所有互联网医院把互联网医院数据服务器部署在银川大数据中心，便于统一执行数据管理。

其次，为了提高数据的采集质量，监管平台中心提供完整的接口数据质量评估体系，同时建立完善的数据监控机制，对互联网医院数据上传的情况（按接口分类的上传数量、上传成功率、质量评估结果等）进行综合展示。其要求主要包括：

（1）对应高性能，采用自动扩展的微服务架构，将数据接入、校验、处理、分析及展示分离成单独服务并有机组织在一起。通过内部的性能监控机制实现服务的自动部署和动态扩展。

数据整合的中心节点采用流程驱动的方式把这些在一个数据交换流程中不同的数据处理功能进行连接，能够实现业务规则的可视化建模和业务过程的可视化运行监控。

（2）加入智能监管。也就是针对不同的监管数据和监管要求，系统定义灵活的监管项目，监管人员可以根据监管办法的更新对监管项和判断阈值进行控制，达到快速响应的效果。

数据采集、合规检查、界面展示采用不同的服务进行对应，可以根据需要调整服务吞吐量，满足实时、自动、全方位的监控要求。

（3）基于大数据的分析模型。互联网医院监管平台运用大数据和医疗知识图谱等技术，实现对医疗真实性、医疗行为、用药合理性、诊疗水平、医疗花费等重新组合和定义，并设定不同的阈值，以达到合规诊断、合理用药等自动化智能监管与预警。

（4）安全监管，安全也是监管平台的重中之重。银川市互联网医院监管平台的整体信息系统信息安全设计，是针对系统内部业务需求的有关信息、与外部交换的业务信息，以及向社会发布的服务信息所面临的和潜在的安全风险。结合对需要保护的各类信息进行分析，综合考虑系统可接受的风险程度，制定与各类信息系统安全需求相应的安全目标，建立实现安全目标的安全模型和信息安全保护体系，达到风险、安全与投资的最佳平衡。

延伸阅读

丁香园互联网医院：监管平台上线很及时

丁香园政府事务部西北区总监朱波表示，监管平台上线很及时。2017 年 3 月 19 日银川市政府集中举行签约互联网医院仪式之后，银川的互联网医疗一直受到国内媒体的持续关注，同样也包括制定互联网医疗政策与监管的制度。

互联网医院监管平台上线，也给国家卫健委在全国范围内铺开提供了试点经验。

“我们对监管平台积极配合，安排专人对接，全部数据无死角接入。”朱波说。

丁香园作为一家以数据驱动，赋能医患为核心的互联网医疗公司，主动接受监管，提前融入监管思维。他认为，监管平台的上线，是提高服务质量的良好契机。

事实上，在该监管平台上线之前，丁香互联网医院已经做了大量质量审核把关工作。

首先是严控医生质量，分三步考量医生能力。

第一步，定向邀请医生加入。大部分医患沟通平台，只要是医生都可以上来注册。我们认为不是所有的医生都具备远程咨询或诊疗的能力，所以只邀请我们认可的医生为患者提供服务。

第二步，邀请后，在医生提供服务前要考试。通过发一些模拟问题，医生回答后，我们来判断医生回答的质量。

第三步，通过考试后，在医生提供服务过程中，也会密切关注医生回复用户问题的过程。为了公平起见，我们还邀请了高年资的三甲医院医生组成评审团，对平台上的问题回答进行“同行评议”。

同时，还有一个不合适医生的清退机制，让能者上、差者下。目前，丁香互联网医院平台上的医生总计服务时长近50万个小时，好评率在97%以上。

丁香互联网医院在诊前和诊后慢病管理、人工智能领域都做了不少工作。比如在诊前的患者教育、健康科普方面，2017年，丁香互联网医院平台上的丁香医生健康科普文章获得了31.7亿次的阅读量。两会期间，有全国人大代表专门向国家谏言，提高国民健康素养被写入了国民发展计划。

“我相信未来，在银川市委、市政府的坚强领导下，在卫健委、大数据局的亲切关怀下，以监管平台上线为契机，银川的互联网医疗产业会蓬勃发展，集群效应、马太效应会越来越明显。丁香园也会竭尽所能、全力支持。”朱波说。

小苹果加入互联网监管平台以来，受益良多

“自从加入银川互联网医院监管平台以来，我们深刻感受到与监管平台共同快速成长。”小苹果昆育互联网医院创始人路博坦言。

银川小苹果昆育互联网医院是土生土长的银川互联网医疗公司。它是一家以妇儿为核心的互联网医院，集团建立了中国第一家儿科医

生集团——小苹果儿科，依托优质医生资源并成功建立了线上轻问诊平台“儿医答”“孕医答”，并与多家顶尖母婴平台合作服务于数千万的女性和儿童。

一直以来，无论是做互联网医疗，还是做实体医疗机构，路博都非常关注医疗安全。他深知医疗安全的重要性，医疗安全无小事，如何把医疗风险降到最低是他持之以恒追求的目标。

在此过程中，路博除了不断强化内部员工及平台上的医生安全意识并完成相关的培训外，还积极与银川市大数据局监管平台密切合作，完善相关的数据对接、规章制度，以及规范化的操作。

“尤其是我们非常感谢银川大数据局运用信息化手段从事前提醒、事中控制、事后追溯三个方面对互联网医院进行创新监管，保证互联网医院线上诊疗的安全合法性。让我们运营互联网医院也更加踏实并且有章可循。”

路博表示，目前小苹果昆育互联网医院在事前提醒方面，已经实时更新监管互联网医院的运营合规性备案信息，对于上线医生会在监管平台进行医生备案并录入医生相关职称等 17 个指标，确保各互联网医院合规有序地开展医疗经营活动。

在事中控制上，小苹果昆育互联网医院在线问诊、处方、转诊等核心业务会实时上传监管平台，监管平台会定期抽取处方进行分析，并将审核结果反馈给小苹果昆育互联网医院，帮助小苹果昆育互联网医院去修正一些异常的医疗行为。

在事后追溯上，由于每个医疗环节都有留痕，小苹果昆育互联网医院可以通过平台数据很快找到相应环节并进行相应的分析和处理。同时，银川大数据局还定期组织相关互联网医疗企业的座谈和分享会，通过经验交流和方向指导帮助小苹果昆育互联网医院不断完善和优化。

第三章

互联网医院的落地实践

一、互联网医院应具备三大核心能力

（一） 互联网医院建设的关键：实体医院上线

医院上线，三大关键点。

1. 数据上线

医生需要患者完整的病情、病史来支撑其精确的诊疗。因此医院的核心诊疗数据必须上线。但难点在于各种各样的信息系统之中的医疗数据，不仅数据种类繁杂，而且数据量庞大。

2. 流程上线

流程上线意味着实体医院的关键服务要上线，线上复诊、开具处方、开具检查/化验单、预约检查、线上阅片、远程会诊等。而不只是在线上进行简单的挂号和咨询。

3. 医联体上线

在安泰创新 CEO 邵源看来，互联网医疗与线下服务密切关联，如术后的康复治疗，复诊的影像检查等，这些与实体医院的地理位置和服务半径强相关。互联网医院“既要上得了云端，更要落得了实地”。

以核心医院为主导的医联体服务网点让“互联网医院”能够真正落地。通过合理调配医联体内的医疗资源，实现高效的医疗协同、远程会诊，让信息多跑腿，老百姓才能在家门口得到高品质的医疗服务。所以，医联体是建设好互联网医院的重要结构基础。

（二） 互联网医院的基础：信息异构集成平台

众所周知，由于医院内众多的业务系统数据结构各不相同，导致患者诊疗数据碎片化，不便于医生的即时调阅和讨论交流。

在医联体内，这种医疗数据的协作交流尤为困难。

医联体之间的协作，通常需要花费大量时间去收集病人完整的诊疗资料，才能进行诊疗判断。

以远程会诊为例，传统的方案需提前将患者诊疗数据进行整合收集，在会诊时医生还需花费不少时间查阅患者诊疗数据，之后才能进行会诊。往往是“准备两小时，通话五分钟”。

互联网医院是一个高流量平台。优质医生资源十分宝贵，需要信息技术来提升服务输出效率，过去的信息整合方式，满足不了互联网医院的需求。

对此，安泰创新自主研发的“信息异构集成平台”采用非侵入式的技术，在不更换医院现有系统的前提下高效地整合患者数据，迅速接入医联体网络，方便医生在线进行交流会诊。这是一种全新的医联体协作服务系统架构。

由于拥有丰富的项目经验，在实施速度上，安泰创新的异构集成平台可以在两周内将系统和医院的数据进行接入。

在数据安全方面，安泰创新的系统在医院授权下，提供一个安全便捷的数据访问通道。换句话说，安泰创新不会在医院未授权情况下，把数据搬到云端或者其他医院。

这种架构下，医联体下级医院拥有主动权，如果不发起病历讨论、咨询会诊请求，上级医院是无法看到患者相关诊疗数据的。

（三） 互联网医疗的关键：原始影像和全景病历

前面提到，医院信息的整合是互联网医院的基础。而医疗数据的品质也与之同等重要。

现代医学，大部分诊断和治疗都建立在形态学的基础上。特别是近年来医学影像的飞速发展，医学也进入了“无图无真相”的时代。

所以说，医生在诊断过程中，原始影像数据成为诊疗的重要支撑。但由于原始影像的数据过于庞大，在复杂的网络环境下，很难实现在线共享和即时调阅。这也造成了医疗协作之间的低效率和高成本。

因此，邵源认为：“要保证一个高品质、医疗级别的远程会诊，涵盖原始影像的全景病历是其中的关键。”但问题在于，如何保证在医院窄带宽的网络环境下让医生能够在线查阅原始影像？

针对这一难题，影像技术起家的安泰创新耗费五年时间，研发获得拥有国家发明专利的云影像技术。该技术在普通 4G 网络下，打开一幅完整、无损 DICOM 原始影像的速度可达毫秒级。

和做挂号、轻问诊、保险起家的互联网医疗公司不同，安泰创新一直深耕医疗数据和医学影像，这也是安泰创新切入互联网医院的“另类”模式。其旗下产品覆盖了全国 28 个省、直辖市，全国百强医院市场占有率高达 30%。

安泰创新获得了由全球著名商业媒体《快公司 FastCompany》授予的“2018 中国最佳创新公司 50 强”，该奖项是观察中国创新风标的权威性榜单。这也印证了安泰创新在医疗领域创新的独到之处。

新时代的互联网医院建设，需要具备新时代创新力的公司来参与。这一点，安泰创新凭借数据和流程上线的打法，已然走在了前面。未来，安泰创新有望凭借其在医疗数据的强大基础能力，在大数据挖掘、AI 辅助诊断等领域实现质的飞跃，推动互联网医疗的升级和迭代。

二、传统医院院长这样说

2018 年 5 月 20 日，孙春兰副总理实地调研桐乡市政府与微医建设的全国首家互联网医院——乌镇互联网医院“互联网＋医疗健康”工作，鼓励发展“互联网＋医疗健康”工作，为群众提供优质高效便利健康服务。

相关政策的鼓励和越来越多的互联网医院出现，让“要不要做互联网医院”不再是困扰公立医院院长们的选择题，而“如何做互联网医院”成了新的难题。

（一）互联网医院成趋势，医院与互联网的“热恋”正加速

在我国当下的医疗环境中，依托互联网医院，偏远山区的百姓可以请发达地区的专家看病，基层医生能得到大专家的协助与指导，大专家的诊疗效率有了显著提升，而医院因为接入互联网医院平台，传统的就诊流程和患者体验有了改善。

2015 年 12 月 7 日，全国首家互联网医院——乌镇互联网医院诞生，随后以乌镇互联网医院为起点，全国各地呈现出建设互联网医院的热潮。据腾讯研究院、动脉网发布的《2016 互联网医院白皮书》显示，截至 2016 年 11 月，全国的互联网医院大军扩充到约 36 家，已经实现落地运营的共有 25 家。2016 年因此被称为“互联网医院爆发元年”。

与医院信息化不同，通过互联网做到医院之间医疗服务的在线协同和数据互联互通是一个系统且庞大的问题。

从上海华山医院副院长到乌镇互联网医院的院长张群华，把公立医院坚守的医疗管理制度引入互联网医院，在他看来，相比于传统医院，互联网医院打破了医院信息孤岛，互联网技术能力和专业运营能力的引入，让所有的医院都升级为线上线下结合的医院。

甘肃省二院与乌镇互联网医院合作建设的甘肃互联网医院是甘肃省第一家互联网医院。院长米登海介绍称，甘肃省互联网医院平台包括远程诊疗系统、电子处方与在线医嘱系统、处方审核系统、电子病历系统和结算系统，并实现了和各级医疗机构的HIS、LIS、PACS等系统的深度连接，可以为患者提供电子病历共享，在线诊疗，药品配送等一站式就医服务。

按国家要求，各地要逐步形成基层首诊、双向转诊、急慢分治、上下联动的分级诊疗和就医模式。从乌镇互联网医院模式来看，其在成立初确定的聚焦在线复诊和会诊服务，使其成为一个开放平台，可以和大医院的初诊形成有效互补，成为各地实现分级诊疗的抓手。张群华院长认为："互联网的协同效应让医联体、分级诊疗有了尤为关键的抓手。随着新一轮深化医改，'互联网医院+医联体'将成为实现分级诊疗的终极路径。"

乌镇互联网医院的系统平台还在不断落地。2018年4月，山东省的第一家智能医疗中心在青岛大学附属医院成立，青大附院的互联网医联体平台也同步上线，涵盖了远程会诊中心、互联网医院、远程心电中心、远程培训学院、处方共享平台等功能，传统的医疗服务模式被显著改变。

青大附院门诊量居山东省第一，青大附院理事长王新生希望通过互联网、大数据、人工智能等技术，帮助以青大附院为龙头的青大医疗集团成员单位实现信息标准化、规范化互联互通，切实提高医联体内的医疗效率及专科水平，提升青岛“互联网＋健康”的学科能力，推进分级诊疗、三医联动和健康扶贫等工作的落地。

王新生介绍，青大附院正推进创新型医联体建设，全面落地基于“云、智、端”战略的创新型医联体，并于2018年连接100多家医疗机构，构建一个线上线下结合、软件硬件融合的，覆盖省、市、县、乡、村五级的新型医疗服务网。

作为国家中医临床研究基地，广东省中医院的做法是与乌镇互联网医院共同建设互联网医联体，目前已覆盖全国120多家基层中医医疗机构，重点围绕远程会诊中心、培训中心、影像诊断中心、检验诊断中心、转运中心等项目，通过微医硬件、软件、平台、服务和医疗互联网能力的应用，将名老中医等优质医疗资源下沉到医联体单位，通过学科共建、远程会诊、师带徒培训等方式，实现区域联动，提升基层医疗机构服务能力和中医药服务水平。

广东省中医院院长陈达灿认为，互联网技术可以帮助医院打破旧传统，突破院墙，延长服务半径，拓展新型服务模式，是分级诊疗或医联体有效落地、高效运转的基础保障之一，能使患者、医生和医院三方都从中受益。

互联网医院从政策和实践层面得到了越来越多行业人士的认同，成为传统医院转型和创新发展的新工具，加速传统医院创新的到来。

（二） 互联网医院成败法则：稳落地、重运营

无论是互联网医院的落地，还是分级诊疗的践行，都不是简

单地研发一个 APP 或者新建一个信息系统。在互联网业内人士看来，互联网医院的成功标志是持续的业务活跃，这需要不断进行用户发展、激活，医生的激励和服务，服务内容的持续优化和创新。不同于传统信息化公司，真正意义上的互联网医院平台有一个经营的概念，持续的投入、持续的运营是必需的工作内容。

“一揽子”解决基层医疗问题的方案才能构成互联网医院，真正帮助医疗机构解决问题。

互联网医院如何持续落地？据米登海院长介绍，甘肃互联网医院先后建立甘肃省互联网医院肿瘤医疗中心、儿童医疗中心、康复医疗中心和肾病医疗中心；还建立了甘肃省互联网医院的大数据中心，通过互联网，首先打造甘肃省、市、县、乡四级体系，实现互联网共享，在线电子处方互认，利用大数据更好地服务全省人民群众，并且逐渐实现与其他省区互联网医院互联，实现远程门诊。

张群华认为，互联网医院的成败就在于能否提供持续高效的运营服务，他介绍称，互联网医院建设应以区域内一家知名公立医院为支点，通过输出一套软硬件相结合的互联网医院产品，强化区域中心医院、县乡级医院和基层卫生服务中心、药店之间的连接，借助远程会诊、双向转诊、在线培训、学科共建、健康医疗大数据建设等手段，构建起信息互联、资源共享、业务协同的区域医联体。

“建成一个互联网医院平台固然重要，但运营和系统持续的升级优化是重中之重。”张群华说。

以华山医院为例，2017 年 4 月 20 日，在完成了和乌镇互联网医院的系统连接后，复旦大学附属华山医院空中医院实现了服务的“大升级”，并于当日进行了一场跨越 5 个省区的 6 个互联网医联体平台间的远程会诊，华山医院的专家对甘肃、广西、云南、海口4地互联网医联体平台上的疑难病患者顺利进行了“千里问诊”。

华山医院副院长马昕表示，通过系统互联互通，华山医院和微医创造性地探索出了“互联网+医联体”的新模式，实现了对传统医联体的升级，借助在线协作、在线培训等方式，有望将华山医院的学科、人才、技术、品牌等优势下沉到全国广大基层医疗机构，助力推进国家分级诊疗和健康扶贫。

（三） 云化是趋势，流程与安全保障先行

当前，云计算、大数据和人工智能逐步成为社会新的“基础设施”和国家战略。以云计算为代表的技术在政务、交通出行、制造业等领域取得了普遍应用，而在医疗领域才刚刚起步，面对未来可能大规模应用的趋势，大数据、云计算在医疗行业的安全保障机制也显得尤为重要。

广西互联网医院院长林辉院长认为，医院最根本的内容就是以医疗安全和医疗质量为核心的管理，是出发点也是回归点，其他都是围绕着它展开。建设和运营互联网医院亦是如此。

在北大人民医院原院长王杉博士看来，互联网医院的技术应用不姓公也不姓私，医院最关心的安全问题并不是大问题。王杉表示，目前世界上的云技术已经达到应用的安全等级，并且还会给医院减少很多的成本。

“医疗安全是底线，必须要有包含技术和制度在内的综合保障。”张群华院长介绍称，乌镇互联网医院持续参加国家互联网医院规范的讨论，从一开始就提出医疗安全第一，并为此制定了一整套的技术、流程和业务规范机制。目前，运营两年多的乌镇互联网医院平台单日的平均服务量超过6万人次，至今未发生一

例安全事故。

“对于乌镇互联网医院来说，从一开始我们就坚持一定是依托于实体医疗机构，开展复诊、会诊、慢病管理等业务，这是现阶段互联网医院医疗质量和安全的一个基础保障。”张群华称。

据公开资料显示，在信息安全和计算能力上，过去 7 年里微医为 2700 多家重点医院打通就医服务流程，实现了医院窗口云化；通过 8 大远程医疗支持系统，在全国 19 个省市落地互联网医院，实现 24 万医生的诊室云化；打造覆盖全省在线诊疗平台，并实现全省医保支付云化；建立省级人口健康信息云平台，实现电子病历云化；建设 117 个互联网医联体，实现了医联体云化。

医疗行业云应用已经有了行业组织，推动产业协同发展。2018 年 5 月 18 日，国内首个由公有云和医疗云共建的全国健康医疗行业云平台发布，由中国卫生信息与健康医疗大数据学会家庭健康专委会、腾讯云和微医云三方共建平台建设，采用云计算技术及微服务架构模式，运用多种手段保障数据安全、应用安全。

国家卫生健康委统计信息中心主任张学高曾表示：“政策推动、行业学会指导，互联网医疗企业等社会力量参与，汇聚多方资源力量，有助于推动信息化发展和健康医疗大数据发展，孕育更多优秀医疗应用模式，有效提升行业效率。”

三、腾讯医疗互联网医院建设“三大关键词”

1. 简化

简化就医流程、提升决策效率、增加医疗服务满意度。简化患者就医路径，腾讯医疗打造智慧医院全流程，以电子就诊卡为创新载体实现线下流程线上化，数据多跑路，患者少跑腿；简化医生行医路径，AI 辅诊引擎解决烦琐问题，减轻医生重复工作量，提升医生诊断效率和诊疗质量；简化管理者决策路径，通过大数据监控与趋势分析，实现医疗管理决策数字化、可视化、移动化，辅助决策有据可依、效率提升。

2. 精准

精准匹配医疗资源、升级就医健康场景、提高医疗效率。医疗 AI 引擎“腾讯睿知”为核，就医时 AI 准确判别并匹配医、患双侧需求，从全科覆盖智能导诊，到重症疾病精准预约，解决资源错配问题，让医生、专家资源使用效率更高。从医疗到大健康，AI 引擎助力精准科普和疾病风险评估，精准治病更要精准“治未病”。

3. 连接

连接医疗的碎片化数据，实现互联互通。大数据互联互通是医疗走向精准化、智能化的基础，从实现跨院就医、打通院内院外、再到面向大健康等方面，通过互联互通消除信息鸿沟，串联起个人全生命周期的健康管理，也为互联网医院的构建创造了越来越多的应用可能。腾讯专注连接能力，以科学智能的微信生态，整合内部腾讯医疗、腾讯智慧安全、腾讯云、企业微信等多业务之力，构建多场景连接方式，并连接起医生、患者、医院、服务与设备，助力与医疗行业的连接和生态共建，为医疗行业的未来创造价值。

与此同时，安全保障是构建互联网医院的基石。结合腾讯云端海量威胁情报和3D智能可视化技术的优势，目前腾讯智慧安全可为医院直观精准地实时呈现整网发现的已知和未知威胁攻击，迅速定位风险资产和威胁源，及时响应处理。

未来，腾讯将继续整合内部资源和输出能力，并联合行业合作伙伴一起打造智慧医疗健康新生态。

四、互联网医院行业“老兵”——卓健科技

为方便患者看病就医，有一家企业这些年陆续帮助浙江大学附属第一医院、北京医院、江苏省人民医院、台州恩泽医疗中心、武汉市中心医院等几大业内极具影响力的公立医院成功上线互联网医院并落地运营，极大地改善了患者就医体验。

这就是杭州卓健信息科技有限公司。2011 年，卓健科技开始启动移动互联网医疗业务，是移动医疗行业的老兵。

（一）从外科医生到创办互联网医疗企业：换一种方式做“医生”

创业前，尉建锋是一个外科医生，在浙大医院肝胆外科工作了十年。2011 年开始创业。

尉建锋告诉我们，之所以选择创业，是因为在美国读博士后期间发生的一件事情。他将其戏称为：一场“血案”引发的思考。

2005 年的一天，尉建锋因身体不舒服去了医院。抽完血以后，在海边散步的尉建锋接到了家庭医生的电话，让他到急诊室去接受治疗。而这前后的时间不到半个小时。

经过这件事情，尉建锋开始思考，国内的医疗信息化还处于非常基础的阶段，我们要如何搭建智慧医疗服务闭环？

在国内，哪怕是在非常先进的信息化城市，信息闭环也没有

完全实现。因为在这个过程中要打通很多的环节，如业务数据、服务闭环、患者管理、家庭医生签约等这些内容均要形成闭环，甚至还要把上级医院和下级医院的业务协同和切分。

由此，也拉开了尉建锋的创业之路：

2008 年，他通过手机彩信做一些健康教育和知识普及，实现医患互动，健康宣教；

2011 年开始做掌握健康移动 APP，实现“移动互联网 + 健康宣教”；

2012 年做了掌上医院挂号、缴费、查询、问诊，以及随访等业务，逐渐打造就医闭环；

2014 年收购了一家远程医疗公司，开始布局移动远程医疗；

2015 年医教产品上线，开始做医生教育；

2016 年做了全国基于公立医院第一个互联网医院；

2017 年推出了基于移动端的家庭医生签约平台，社区家庭医生产品上线；

2018 年开始做“互联网 + 医院”的对外服务平台。

经过多年的发展，卓健科技逐步实现了以患者为中心的智慧医疗服务闭环。但尉建锋表示，在整个服务闭环里，大医院能够管理的病人有限，能处理的场景也是有限的。因此，一方面这些大医院通知和管理患者需要借助基层医疗机构的社区家庭医生，另一方面也要将这些数据和业务同步，并指导帮助下级医疗机构。

那么卓健科技是如何搭建的以患者为中心的智慧医疗服务闭环呢？

（二）互联网＋智慧医院：打造医院内外互联网服务总线

据尉建锋介绍，这套服务闭环主要通过以下三大产品线来实现：

1. 智慧医院

智慧医院即掌上医院、移动远程、互联网医院、随访、支付等整体医院互联网化解决方案，并基于平台开展会诊、轻问诊、药事、检验等医疗服务。

2. 智慧社区

构建区域分级诊疗平台，服务慢病、转诊、家签、随访、医养护一体化和健康宣教等区域卫生业务。

3. 智慧医教

打造医链云学院、规培、进修、医生考核和考试教育平台；为医生提供患者管理、会诊、问诊、随访等业务服务平台。

尉建锋表示，这三大解决方案旨在全面支持“医疗＋互联网”，优化院内服务流程，实现医疗机构服务模式升级，打造区域智慧医疗服务平台，提升医生专业水平。

之所以选择这样的产品线，是基于目前国家政策方面的思考，从而进行了产品方面的迭代。随着我国老龄化逐渐加剧，慢病、亚健康患者基数增大，而居民防病意识不强。在黄金时期，“防、治、养”模式逐步实现。预计到2020年，我国健康服务业规模将达到8万亿元，占GDP的6.5%。

经过七年沉淀，这些产品也得到了认可。比如互联网医院标准的上线，卓健科技也参与了三稿的修订，以及管理办法的出台。在建设互联网医院的标准中，基本上按照卓健科技服务公立医院的互联网医院服务模型来制定。

同时，卓健科技还注重打造院外的“互联网＋服务平台”，不断提升医院服务深度，大力拓展药事、检验检查及会诊、教学等服务，打造“医院＋平台”的业务模式，帮助医院对外统一提供互联网医疗服务。

这种服务体系得到了全国30多家大型三甲医院的认可，并落地了互联网医院。如全国首个公立医院线上院区——浙江大学附属第一医院、全国最大的医联体平台——河南省人民医院、首个委属医院互联网医院——北京医院、接入了继续医学教育信息化平台的北京协和医学院，以及接入了智慧医疗综合平台的海南301医院。目前，卓健已经涵盖全国大概3000家医院。

（三）建立优势，打破围墙，让医疗服务触手可及

除了卓健科技的产品优势，它还有哪些优势打破实体医院的围墙，共建互联网医院呢？尉建锋讲了三个方面：

1. 做好自己的定位

卓健科技的市场定位就是做B端服务，帮助实体医院做好互联网医院，而不会太多地参与到医院的运营中去，更多的是辅助医院，帮助医院做好运营设计，具体运营由医院执行。

2. 建立一个样板和模型

从2016年开始到现在，卓健科技持续地在进行包装和打磨，以及功能的叠加，不断打造服务样板。

3. 政策导向

虽然卓健科技一直在跟着国家的政策导向走，但在2017年互联网医疗风向最低谷，很多公司都已经放弃做互联网医疗的时候，我们还在持续加大研发投入。

目前，全国近20个省份已经推出促进“互联网+医疗”的管理办法。依据政策，各省都会相继发展互联网医疗。即使如此，尉建锋表示，我们依然面临商务方面的困难。因为做B端并不容易，盈利规模也没有外界想象的那么大。预计到2018年以后，卓健的盈利规模能够达到理想效果。

“目前我们也正在计划新一轮的‘C+’融资。预计新一轮融资完成后，融资总额预计将从以前的3.3亿元达到5亿元。”尉建锋对此很有信心。

五、全国首家妇儿健康互联网医院搭建细节

在互联网医疗行业，妇幼健康这一深度、广度都较大的垂直领域仍是热门方向。一是妇幼群体对医疗健康服务需求较大；二是随着二孩政策的放开，这一领域的互联网医疗市场空间再度扩大。

在这一热门领域，除了创业玩家们，传统妇幼医院也不甘落后，广东省妇幼保健院就是其中的开拓者，成立了全国首家省级妇儿健康互联网医院平台。该平台也是微医大湾区协作平台妇儿健康服务基地。

（一）依托三大优势，以医联体为基础建立全国首家妇儿健康互联网医院

事实上，自 1944 年开始，广东省妇幼保健院创办之初，它是隶属广东省政府的专业公共妇幼卫生机构，始终坚持社会公益性、行业引领性。

历经 70 多年的发展，已经成为一所集保健、医疗、教学、科研、培训及技术指导于一体的大型三级甲等医院，2013 年经上级主管部门批准，增挂广东省妇产医院、广东省儿童医院牌子，目前是中山大学、暨南大学、广州医科大学等 8 所部、省属高校的教学医院、附属医院，并与美国排名第一的哈佛大学医学院波士顿儿童医院建立了战略合作伙伴关系。

近年来，随着医改进入深水期，省妇幼保健院不断加强学科建设，充分发挥全省业务技术指导中心作用，急危重症救治能力不断提升，新生儿救治能力、产前诊断、妇科腔镜、辅助生殖等居全国领先地位或先进水平，在国家妇幼中心公布的综合能力排名中位列省级前三，先后荣获“健康中国总评榜年度十大健康人文医院”、全国“改善医疗服务示范医院”、2013－2017 年度全国创建“平安医院”表现突出集体等，为全省妇女儿童的身体健康、妇女儿童事业的发展做出了突出贡献。

与此同时，我国二孩政策放开后，迎来了明显的生育高峰。

随着国家生育政策的调整，迎来了明显的生育高峰，高危妊娠，如高龄、疤痕子宫、严重妊娠内外科合并症等高危产妇也随之不断增加。在这种形势下，2017 年 9 月，广东省妇幼保健协会成立了高危妊娠管理专业委员会，该委员会建立以后，广东省妇幼保健院作为该委员会的主管单位，将通过高危妊娠管理专业委员会，与地市二级妇保医院建立非紧密型的医联体，通过该体系，开展包括培训、专家会诊、高年资的专业人员派驻现场等合作，优质妇幼卫生资源辐射粤东、粤西、粤北及广州周边地区，建设医疗卫生保障高地，实现降低全省不良孕产结局发生率，建设健康强省的目标。

因此，2017 年 10 月 30 日，广东省妇幼保健院与汕头市金平区人民政府共同签署了《战略合作框架协议》，共建紧密型医联体。汕头市金平区人民政府把金平区妇幼保健院委托给广东省妇幼保健院管理运营，建设广东省妇幼保健院高危孕产妇救治中心（粤东分中心）、广东省新生儿救治中心（粤东分中心），2018 年 1 月 26 日，广东省高危孕产妇救治中心和新生儿救治中心粤东分中心揭牌成立，正式运行。

随后的一年多时间，2018 年广东省妇幼保健院先后与惠州市第二妇幼保健院、肇庆市端州区妇幼保健院、河源市妇幼保健院、潮州市妇幼保健院等 15 家地市级妇幼健康医院建立了医疗联合体合作关系。根据区域内医疗机构优势专科资源，依托省妇幼保健院目前的技术优势特色专科为主，联合其他医疗机构相同专科技术力量，创建了乳腺疾病专科联盟、生殖健康与不孕症专科联盟、出生缺陷与产前诊断专科联盟、妇幼健康检验专科联盟、宫颈疾病专科联盟、新生儿重症救治专科联盟等 91 家，形成区域内若干特色专科中心，提升解决专科重大疾病的救治能力，横向盘活现有医疗资源。

建设医联体是优化医疗配置，推进分级诊疗的重要手段。广东省妇幼保健院医联体依托医联体内医院的有效运营，使省级大医院的医疗技术下沉到基层，使基层医院的医疗技术、管理水平得到了发展和提高，让大部分的市民不出县市就可以享受到省级优质医疗资源；另一方面实现了让省级医院集中力量救治危急重症患者，普通疾病在县区医院就诊，康复患者回到社区卫生服务中心的目标，建立了区域范围内的合理分工，共同满足广东省老百姓不同层次的医疗需求。

建立医联体仅仅是开始。医联体信息化建设是分级诊疗的一个重要手段，但医联体信息化建设并不容易，各家医院信息化建设技术不统一，水平不统一，数据不统一，信息之间没有接口，数据难以共享，看似在一个医联体内，实际上都是一座座信息孤岛，联系并不紧密。数据量大，但缺乏统一标准，难以分析利用。此外，各地发展不平衡，信息资源没有有效整合，无法进一步进行协同服务。同时，医联体的建设还面临着资金缺乏，技术力量不足的困难。

2018 年 6 月，广东省政府出台了《广东省深化公立医院综合改革行动方案》，要求加快推进紧密型医联体建设，加快完善紧密型医联体人财物管理机制。

2017 年 7 月，香港地区、澳门地区、广东省共同签署《深化粤港澳合作 & 推进大湾区建设框架协议》，对卫生健康事业提出了新的发展目标。此外，妇女和儿童的健康问题是国家和社会发展的重要指标。

在此背景下，广东省妇幼保健院为了提高医联体原有水平和工作效率，成立了全国首家妇儿健康互联网医院，借助互联网平台的发展将三级医疗保健服务网络打通。

因此此次广东省妇幼保健院在互联网医院方面，做到了“先吃螃蟹”。黄汉林院长认为，在人工智能、大数据、物联网技术的发展下，广东省妇儿健康互联网医院助力推动全省妇幼卫生事业高质量发展，将成为改善基层医疗的重大突破口。

（二）与微医合作，整合大湾区资源，在多方协作下共建医疗健康服务网络

全国首家妇儿健康互联网医院由微医联合广东省妇幼保健院创建，同时大湾区协作平台的妇幼基地也落地在广东省妇幼保健院。大湾区协作平台启动后仅 16 个工作日，已连接了粤港澳地区的 21 个地市的 79 家医院、1 万多名医生、32 个互联网医联体、数十个专科协作联盟，以及 500 家药诊店网点。

要想将整个协作平台紧密联系起来，就要在各个方面进行努力。因此，在技术层面，广东省妇幼保健院会继续跟微医合作。对于跟微医的合作，黄汉林院长表示，微医在互联网医院的运营，平台的管理上很有经验，而广东省妇幼保健服务体系本身就是一个非常强大的医疗卫生保健服务网络。虚跟实有机的结合，能够将这个工作做得更细、更实、更有效。

全国首家妇儿健康互联网医院旗下 143 家妇幼医院的互联互

通技术全部由微医提供，借助微医的技术打通医院 HIS 系统。但这其中也面临着一个困难，每家医院都有着不同的 HIS 接口，微医得一个一个去接。

对于为何选择微医，黄汉林院长表示，首先是因为微医的互联网医疗技术，人工智能、VR 技术支撑下的“互联网 +”医疗新科技。其次是微医本身就是做互联网医院的，广东省妇儿健康互联网医院可以借助微医的互联网医院经验。

在这一点上，微医 CEO 廖杰远也给出了自己的理由。首先是因为微医大湾区协作平台。广东是其中的重要基地，而广东省妇幼保健院基于医联体建立的广东妇儿健康互联网医院基本汇集了广东省内所有优质的妇儿健康资源，广东省妇幼保健院又是其中的龙头单位，因此与其合作可以在妇儿健康这一块为大湾区的居民提供优质服务。

其次，将大湾区协作平台的妇幼基地落地在广东省妇幼保健院，后期可逐步利用微医平台连接的全国互联网医院资源和服务能力，除妇儿健康外，为大湾区居民提供更加全面便捷的医疗服务。

此外，广东省妇幼保健院是省级妇幼医院，在医联体内所有医院中技术水平最高，所掌握的妇幼卫生资源较为丰富，廖杰远表示，后期双方可深入合作，共同积极推进妇幼卫生服务供给侧改革，为大湾区居民提供更专业、更细化、更贴心的医疗健康服务。

黄汉林院长还告诉我们，除了与微医合作外，在大数据平台方面，有深圳大学的计算机信息系统做支撑，广东省科技厅的工程技术中心也会作为技术支撑加入进来。此外，还有几家大的信息技术平台，如中国联通，也会在远程网络方面提供支持。

对于大湾区协作平台，黄汉林院长解释说，首先是医疗资源的协作，无论是中国香港、中国澳门还是广东省，医疗资源是有差异性的，通过这个平台可以让这三地的资源更有效地发挥作用。比如因为准入条件差异，有些新的药品和技术内地还未上市时在香港地区已经可以使用，这种情况就可以在香港地区解决。

其次，在中国香港和澳门，医疗服务仍可以提速，微医大湾区协作平台将以优势学科为切入点，持续整合粤港澳三地医疗资源，推进医疗服务与科技平台融合。通过学科能力、医疗服务规模及服务能力的高效互补，为粤港澳居民提供“线上 90 秒、线下 90 分钟”的妇儿健康服务。

黄汉林院长认为，互联网就是让医院的服务能够进入基层，进入家庭，跟每个人联系起来的一个非常好的手段。院方现在的考虑就是先立足于广东省妇儿健康互联网医院的专家，让医生进入这个平台提供服务。下一步则要接入广东省妇儿健康互联网医院签约的广东省内的服务机构和资源，但是必须要对这些机构和资源进行严格审查，确定准入机制和退出机制，保障提供医疗服务的质量。

（三） 三横五纵，加强协作，促进医疗模式转变

作为全国首家省级妇儿健康互联网院，广东省妇儿健康互联网医院以技术为支撑在原来的非紧密型医联体基础上可考虑升级成为紧密型医联体，黄汉林院长详细说明了升级后的广东省妇儿健康互联网医院及其协作平台的主要特点和优势：

1. 贯彻落实大健康理念

广东省妇儿健康互联网医院将运用三级预防理论原理，一级预防，即消除致病因素；二级预防为“三早”措施，即早期发现、早期诊断、早期治疗和干预；三级预防是促进康复、挽救残存功能等，为妇女儿童提供以健康为中心的全方位、全生命周期的服务。

2. 服务的深度和广度

所谓深度就是建立贯通省、市、县（区）、乡镇、村五级医

疗卫生服务机构的妇儿健康服务平台，促进优质医疗资源下沉。让边远地区妇女儿童与省妇幼保健院的距离从500公里缩短为0.5米。就是说以后边远地区的妇女儿童的救治不需要到医院去挂号，只需要有一个手机、一个APP，就能实现远程诊疗。

从广度来说，立足广东，以大湾区的协作平台作为基础，向周边延伸，包括向兄弟省、东南亚，甚至沿着“一带一路”，到非洲。2018年年底，广东省妇儿健康互联网医院将在非洲加纳Lekma医院建立网点。

3. 做到“三个结合”

广东省妇儿健康互联网医院及其协作平台做到了“三个结合”：

（1）线上线下的结合。很多互联网医院只有线上服务，没有线下服务，实际上妇幼保健院体系跟其他的医疗服务体系不一样，上下关系很密切。因此，广东省妇儿健康互联网医院的布局是在整个广东省建立若干个网点来提供线下服务的支撑和支持。

（2）互联网跟地理信息技术的结合，即定点服务与移动救治技术相结合。在一些边远地区，配合移动医疗服务、移动救治服务，根据交通的情况、分布的情况，按照区域布局的方式来设置定点救治点与移动平台，在远端会诊工作平台的支撑下来保证服务水平、服务能力的同质性。

（3）互联网跟物联网的结合。利用互联网将可穿戴设备串联起来，与远程监护平台相结合，对患者进行实时监护，异常情况通过监护平台及时反馈，并指导患者采取解决措施。特别是一些就诊不太方便地区的妇女儿童，让他们足不出户就可以得到服务。

此外，广东省妇儿健康互联网医院还根据不同的健康特征为患者建立了“朋友圈”，即互助群。患者可以在医护人员的指导下来互相帮助，分享他们的一些经验和体会，让更多的人受益。

对于平台怎样把病人、网点医院和广东省妇幼保健院连接在一起，黄汉林院长举了一个例子：

广州潮安区彩塘镇华二卫生站接收了一个做检查的产妇，怀疑小孩可能有问题，那么就可以直接通过平台让这个产妇登录广东省妇儿健康互联网医院，寻找医生就诊。平台医生就会根据她上传的检查单给予指导，如果她原来的检查结果已经足以做出诊断，医生会给她一个诊断意见，指导她下一步怎么做。

如果上传的检查项目内容还不足，会指导她到就近的网点医疗机构，如到潮州市妇幼保健院完善检查，再上传检查结果，医生再进行指导。

如果需要做进一步的产前检查，那就需要建议她到广州，与专家面对面地交流，做手术性的检查，这样就能在更短的时间内明确诊断，得到治疗。

（四）促进粤港澳三地卫生健康融合发展，提供便利完善的医疗卫生服务

在第一批接入的医疗机构里，广东省妇幼保健院选择了与潮州、韶关、惠州、阳江等 5 个地区的 8 个基层医疗机构进行九方协作连线，并与潮州市妇幼保健院、阳江市妇幼保健院、韶关市妇幼保健院、惠州市第二妇幼保健院、潮州市潮安区彩塘华二卫生站签订了互联网医院（网点医院）合作协议。

据悉，大湾区协作平台是全国首个支持港澳用户注册的医疗协作平台，并打通了港澳用户的在线支付环节。截至目前，协作平台已连接了粤港澳地区的 21 个地市的 79 家医院、1 万多名医生、32 个互联网医联体、数十个专科协作联盟，以及 500 家药诊店网点。香港利和、香港宝德医务、广药集团、大参林、易联

众、广东电信、广东联通等企业已经与微医开展合作，共同打造大湾区新型医疗健康服务。

大湾区协作平台已经发布老百姓的入口，这个入口支持老百姓用电脑、手机、电话等各种方式接入。大湾区协作平台是目前国内第一个支持港澳地区用户顺畅登录和使用的平台，接下来会继续将大湾区的医疗资源网往平台上面聚集，为大湾区的7000万老百姓提供全程的周到、细致的服务。

黄院长表示，下一步，广东省妇儿健康互联网医院将带动全省142家市县妇幼保健院，包括村卫生站在内的大概3000多家基层医疗卫生机构逐步加入互联网医院平台，开展线下和远程的医疗协作。

接下来，省妇儿健康互联网医院将借助慈善基金，通过大湾区妇儿健康服务平台开展1000场线上、线下联合义诊，加强上下级妇幼保健机构之间的医疗协作，通过“互联网＋妇儿健康”不断增强妇儿健康的可及性、时效性，不断提升诊疗水平、提高诊疗效果，在助力精准扶贫，促进分级诊疗、双向转诊等医疗模式的转变上发挥重要作用。

在省卫健委和社会各界的支持下，广东省妇儿健康互联网医院及微医大湾区妇儿健康服务平台将成为连接粤港澳三地妇儿医疗资源的桥梁，打通优质妇儿健康资源流动的经纬线，推动优质健康服务资源下沉，通过粤港澳三地的卫生健康的融合发展，将为粤港澳大湾区居民带来更多更完善、更便利的医疗卫生服务，让广大妇女儿童能在家门口获得省级妇儿医疗专家的健康服务。

黄汉林院长表示，在各方支持下，广东省妇儿健康互联网医院将会不断发展壮大，不断增强妇儿健康服务的可持续性和时效性，不断提升基层诊疗水平，提升诊疗效果，降低致死、致残率。在助力精准扶贫，促进分级诊疗双向转诊等医疗方式的转变方面发挥重要作用，在保护广大妇女儿童健康方面做出更突出的贡献。

第四章

互联网医院的管理

从目前市场上的互联网医院看，主要的建设主体分为三种：政府主导建设型、医院主导建设型、企业主导建设型。

其中政府主导建设型是各级政府部门支持指导下建立的区域分级诊疗平台，如乌镇互联网医院、四川互联网医院、宁夏互联网医院等。

医院主导建设型是医院原有信息化基础上升级而成的远程接诊平台，以服务医院或医联体范围内患者为主。如浙一医院互联网医院、广东省第二人民医院建设的广东省网络医院、四川大学华西第二医院。

企业主导建设型，通过与一家或多家线下实体医院合作为患者服务，如39互联网医院、阿里健康网络医院、好大夫银川智慧互联网医院、丁香园银川互联网医院等。

一、政府主导建设型互联网医院管理

（一）甘肃互联网医院院长米登海谈互联网医院管理

2009年，米登海临危受命，出任甘肃省第二人民医院院长。那时医院拥有600张床位，但使用率不到30%，病人投诉不断，医院发展陷入困境。

米登海上任后干的第一件事就是改革，经过近一年大刀阔斧的改革，让这个垂死挣扎的老医院终于焕发新生。当年年底，医院职工拿到了久违的全额工资和绩效奖励。

从此，他被同事称作是一个有理想、有责任、敢挑重担的医院管理者；被患者称作是一个称职的医生。

而甘肃互联网医院的落成，更是证明了米登海改革医疗的决心。他以医疗模式和分配制度改革为突破口，打破过去僵化机制和落后思想，确立了“做精做强西医优势学科，发展壮大中医药特色，建设现代化中西医结合精神卫生中心，坚定不移地走中西医结合的发展道路”，探索总结“西医+中医+心理”三结合治疗的特色医疗服务模式，为医院医疗模式和发展方向奠定了基础，病人信任度和满意度达到98.6%。

甘肃省二院近年来为适应医学模式转变而探索出来的新的医疗模式被称为333医疗模式。即保健就医3场所（体检部、门诊部、住院部），疾病发展3阶段（未病期、已病期、康复期），诊疗方法 3 结合（中医、西医、心理）。试图使优质的医疗资源、优质学科或者这种组团式、抱团式的学科可以更好地为人民群众服务。

凭借“互联网 +”的工具，第二人民医院、中西结合医院大力推行 333 模式，互联网医院的总体应用非常广阔，“互联网医院 + 援藏”“互联网医院 + 老边区”“互联网医院 + 贫困县”“互联网医院 + 少数民族地区”，能够切实缓解贫困地区看病难、看病贵的问题。通过互联网服务藏区群众可以得到更广泛的应用。

通过互联网医院所实现的层层连接，相当于在藏区和边远地区建立起一个个“医疗绿洲”，藏区群众在就近的医院，甚至自己通过网络设备就能找到大医院的专家。

甘肃省互联网医院建成并投入使用，可有效减轻患者的医疗负担，改善患者的就医体验。同时，该平台可帮助基层医疗机构提高诊疗水平，通过网络诊断、网络会诊、网络培训等形式，加强对基层医护人员业务知识的培训，提高基层医疗机构的诊疗水平。

通过互联网医院平台，建立基层医疗机构与上级医院之间的双向转诊协作机制，实现双向转诊网络化服务，有助于形成分级诊疗的有序就医格局。

今后甘肃省乃至西北地区的患者可以在甘肃省互联网医院平台通过手机、iPad、PC 等预约挂号，通过网络视频完成诊疗，包括开具电子处方和配药。

（二） 广西互联网医院院长林辉谈互联网医院管理

林辉是广西互联网医院院长，也是广西壮族自治区人民医院常务副院长。据悉，广西互联网医院平台采用的是全国首家互联网医院——乌镇互联网医院模式，将省、市、县、乡各级医疗机构和医生连接起来，让患者足不出户，通过手机、电脑登录该平台，注册完成后，根据病情需要选择医生在线诊疗。

该平台是一个在线医疗和远程会诊服务平台，涵盖远程诊疗系统、电子处方与在线医嘱系统、处方审核系统、电子病历系统和结算系统，并与各级医疗机构的医院信息系统全面连接，实现电子病历共享、在线诊疗、药品配送等一站式就医体验。

“互联网＋医疗健康”，作为政府顶层设计的国家战略进入医疗领域，由国家主导推行，实现医疗卫生领域的跨界创新，是我国医药卫生体制改革和医疗服务业态的创新的重大举措，促使资源配置更合理，医疗质量更保证，医疗过程更便捷，医疗服务更高效。

在医院管理方面，林辉提出了：首先要打破壁垒，打破医院与医院之间的壁垒。医院管理必须创新、紧跟时代步伐（重构流程、打破壁垒），一个完整的门诊就医过程包括挂号、候诊、初诊、交费、检查检验、取结果、复诊、交费，取药和治疗 10 个环节的服务。

通过优化这 10 个环节的服务，提升了医院各个方面的就医服务。比如医院可以全程监控医疗服务，提高医务人员的工作效率；改善了患者就医流程；完善了个人健康管理模式；提高了慢病管理的效果和公共卫生的智能化管理；完善了应急管理（院前急救、急诊）；降低了医疗费用。

林辉认为：成熟的互联网医院，必须是线上和线下有机地整合，成为一个闭环管理，包括院内的小闭环、中闭环和整个大闭环，还有全国的闭环。

（三）乌镇互联网医院院长张群华谈互联网医院管理

张群华是乌镇互联网医院院长，也是上海华山医院外科教授，中国肝胰胆道疾病专家，有着三十多年医院管理及临床从业经历。

他认为，互联网给医生和患者带来方便。患者最大的需要就是短时间内看好病，医生的价值在于把病人看好。“互联网 +”下，形式不同而已。希望有更多的医生能够触网，把医疗知识通过互联网传给患者，让患者有获得感。

乌镇互联网医院“更贴近老百姓”，它是一个“守门人”。乌镇互联网医院本身是一级医疗机构，一个家庭医生平台，一个全科中心，它接纳了社区医院的老百姓，同时和上级医院协同合作。

把简单的病例分诊给基层医院，把疑难杂症交给三甲医院的专家，这样做是给三甲医院做减法的同时做加法。从科研的角度说，有效临床案例越多，科研结论也更有科学性和说服力，因此，医院和医生也很欢迎我们的精准预约服务。

医疗安全是三甲医院和互联网医院相同的地方。从医院管理层面来讲，互联网医疗的核心是医疗，而医疗属性中最重要的就是安全。之前张群华院长在三甲医院做管理，来到乌镇互联网医院之后做的第一件事，就是建立医务中心。

医务中心主任由经验非常丰富的临床医生担任，并制定了完整的医疗规范和医疗行为管理，包括网上开药、网上问诊，患者和医生之间的连接，投诉处理等。这些制度的制定实际上和传统的医院是相似的，如果没有规章制度的建立，很可能会出现医疗纠纷。

从三甲医院院长到互联网医院院长，对张群华来说最大的挑战，是两种基因的融合。互联网企业有他的基因，而传统医院也有他的基因，这两种基因的融合是最困难的。

那么不同的地方，就是互联网医院所产生的互联网基因。比如要让对症的病人来到医院找对医生，实现精准预约，这就是互联网医院的产品，技术部门要根据流程去设计如何合理地实现。整个产品的设计，在传统医院是无法实现的，因为没有技术支持团队。

而张群华到来之后，首先就是告诉产品设计团队患者的需求、医生的需求，然后翻译为产品语言，最后通过技术团队的支持设计成产品。

所以，从传统的医疗业务管理转变到互联网医疗管理，最重要的事情是实现两种基因的融合，打造真正让老百姓接受，用起来方便的产品。

二、医院主导建设型互联网医院管理

（一）上海儿童互联网医院院长于广军谈互联网医院管理

为了解决儿科挂号难的问题，上海儿童医院院长于广军于2016年率先宣布启动儿科互联网医院平台，由上海市儿童医院和微医合作共建的“上海儿童互联网医院”正式投入运用。

从实体医院转型到互联网医院，对于于广军而言，不是一件困难的事情。因为他拥有丰富大型三甲医院管理经验，对医院、医疗、医药、互联网技术和运营有着深刻理解。他长期从事卫生政策、医院管理、区域卫生信息化、儿童保健等理论研究和实践管理工作。

近年来，具体组织实施了上海“医联工程”项目，并在区域医疗信息化共享、医院信息化管理方面开展了一系列研究；在儿童保健方面，组织开展早产儿生长发育监测评估与儿童多动症的医教结合干预模式研究。

从管理方式来说，于广军运用以往的经验管理到现在的依赖于数据检测来管理，也是很大的变化。所谓的数据检测，即业务运行的指标检测，包括患者的就医数据，这有助于医生了解患者的行为特点；患者的临床信息，如疾病、诊治、检验检测结果，这为开展临床研究和安全管理提供很好的支撑；费用信息资料，这为医院的运行和政府的决策支持提供帮助。

当时，于广军被媒体称为他是较早开始利用“智能终端＋互联网”提升医院服务能力，也是互联网接受度很高的院长。

于广军表示，市场上“互联网”和“医疗”的结合，无论是“＋互联网”，还是“互联网＋”，本质还是医疗服务，互联网是手段，解决目前医疗资源配置、医疗信息传输的问题。

针对“看病难”的问题，互联网的特性恰好可以解决一些问题，像患者现在能够快速地搜索到相关医疗信息，知道找哪个医生看病更合适，非常便捷。互联网打破了时空的距离，可以通过远程，利用碎片化的时间来进行远程医疗服务。

互联网不会一夜之间颠覆整个医疗行业，而是在微创新中逐步颠覆，最重要的是利用互联网的手段来为医疗制度的改革创造条件。比如，互联网可以为分级诊疗创造条件。有了互联网的手段，转诊会更加便捷。

互联网医疗的核心，是利用先进的“互联网＋”，包括云计算、大数据、人工智能、物联网等一系列技术，围绕解决医疗服务中的患者痛点问题和医务人员痛点问题，最终提升价值，提升整个健康服务的效率和效益，来产生实际的效果，这是互联网医疗的本质。

改变后最明显的是原来排队等待，现在在家就可以预约挂号、付费，简单的病情可以在手机上进行咨询。医生的服务方式也随之改变，可以利用网络平台来直接处置患者的病情，查询医疗资料，甚至有助正确诊治，这都是非常大的改变。

（二）浙一互联网医院院长王伟林谈互联网医院管理

“为什么要做互联网医院？我看准了互联网医疗肯定是发展

方向。”王伟林说，“你不做人家也要做，跟着人家做不如自己做。自己先做，开行业之先河，就是要吃‘头口水’。”

浙大一院的互联网医院，是从传统就诊模式到信息化医疗的创新发展。医院目前有六大信息化诊疗平台，包括分诊平台、支付平台、转诊平台、互联网医院、药历平台、远程医疗，使医疗服务突破物理空间的限制，围绕患者需求不断地改进。

转型后，王伟林才发现这里面大有可为。“包括突发公共卫生事件中的应用，我们在救治浦江失联儿童中得到充分应用；包括分级诊疗，我们把小毛病留在当地，把疑难杂症筛选出来不延误，这是我们要做的。”

在他看来，浙一互联网医院不是想赚多少钱，而是希望能探索互联网医疗的规律、方式方法，做行业该做的事情。“所以我们成立了互联网医院研究所，包括设计与研发平台；医疗服务与管理平台；物流配送平台；法律与公共关系平台，对行业进行新探索。”

王伟林既是外科学博士，教授，主任医师，博士生导师，浙江大学医学院附属第一医院院长，又是互联网医疗的拥护者和实践者。他从事肝胆胰肿瘤临床、教学、科研工作 30 年，对肝胆胰肿瘤的诊断和治疗有很深的造诣。主持国家科技重大专项若干，重点开展肝癌早期预警、胰腺癌的基础与临床综合治疗的研究，取得了系列创新成果。

“进入管理岗位是对我以前工作的肯定，是对我技术的肯定，是一个很自然的过程。”王伟林说，这是一种偶然，也是天时地利人和促成。

首先，按照疾病的轻、重、缓、急及治疗的难易程度进行分级，不同级别的医疗机构承担不同疾病的治疗，实现基层首诊和双向转诊。

随着医院之间的“云”连接，在浙一互联网医院问诊，可以调取你在基层医院的影像资料，浙大一院影像专家将给你权威诊断。

通过互联网技术及大数据传输，建立基于亚专科的会诊、教学、质控，以及临床协同诊断，正在形成一个“互联网+影像闭环”，拉近医患距离，最大化实现“以患者为中心”，同时加深医生间的病例研究，搭建国际化会诊协作平台，为患者提供更完备切实的医疗方案。

借助云技术和网络实现区域电子处方审核和不合理用药监督和预警，保障临床用药安全、有效、适宜、经济。规范医保诊疗行为，节省有限的医疗资源，实现对个体患者的用药评估和用药整合及指导，保障个体患者的用药安全，为患者用药保驾护航。

自 2016 年 2 月 16 日浙一互联网医院上线，服务过 10123 名患者，接受了 9774 次名医线上问诊、5670 次专科会诊，有刚出生 2 个月的婴儿、也有耄耋的老人、有来自驻利比里亚维和警察防暴队官兵、也有身在杭州社区却不方便到医院就诊的患者，还有跨越地理距离救援过失联儿童。

有了“浙一互联网医院”，患者通过手机、iPad、个人电脑，无论身处何处，只要触动手指，就可以与专家、名医“面对面”远程门诊，预约检查，还可以坐等药物送到家里。以往要去医院排队挂号就诊的烦琐流程，如今可以在网络上轻松完成。分诊咨询、远程门诊、线上付费、检查预约、住院床位预约、药物配送、慢病随访等功能一应俱全，患者可以足不出户看三甲大医院的名医和专家。

（三）四川大学华西第二医院院长张林谈互联网医院管理

“互联网医院”能让医院更好地整合区域医疗资源，有效延伸放大医院的医疗服务能力，真正促进优质医疗资源下沉。使医生通过网络平台向患者提供合法的诊断服务，实现优质医疗资源的全面共享。

2016 年 10 月，四川大学华西第二医院取得了“互联网医院”的牌照，作为西南地区首家互联网医院，建立“微信智慧医院”平台并运营，以及进行智慧医院的深度创新服务探索。

四川大学华西第二医院在微信服务号上开通预约挂号、全流程缴费、检查预约、报告查询、在线问诊、诊后随访等贯穿就医全流程的便捷就医服务。

而张林作为四川大学华西第二医院院长，也兼任了华西第二互联网医院院长。自从担任互联网医院院长以来，他通过明确的医疗服务政策和价格指引，既能够维护群众健康权益，满足人民群众医疗需求，又能够保障医院的公益性质。此外，互联网医院的建立也会优化医院减轻医生负担、优化医院运营，推动医院向移动化、智能化和信息化前进。

通过“互联网 + 智慧医院”提升了医院内部管理效率；弥补医疗资源的鸿沟，有效推进优质医疗资源向基层延伸发展。主要包含两个方面：一是患者的挂号、候诊、就诊等环节；二是医院医生之间、医患之间的协作环节。这两个环节的效率，直接影响医院的整体运作。因此张林重点提升这两个方面的效率。

自上线以来微信关注量已达 85 余万，挂号 82 万人次，缴费 57 万人次，累积交易金额 2. 16 亿元，微信交易量占总门诊量的

65%以上，平均节省患者就医时间超过2.5小时。

全院2000多名职工使用微信企业号“医互通”平台进行移动办公。医互通已开通公文收发、工资条、请假管理、订餐管理、PAC随访、会议室预定、内部发文、材料文件处理、设备申购等功能，为医院每月节省约30000张纸的办公成本，提升医院内部办公管理效率约400%。

三、企业主导建设型互联网医院管理

（一）杏仁互联网医院院长马丁谈互联网医院管理

杏仁互联网医院院长包括正院长和副院长，正院长由杏仁医生创始人兼 CEO 马丁担任，副院长由曾运营过腾讯多个明星产品数亿用户的杏仁医生创始人兼 COO 徐琳女士担任。

马丁拥有超过十九年的医疗领域的经验，包含临床、医院管理和医疗信息化。他是专注于医疗健康及技术的专业人士，拥有运营中国最大的移动医疗网络平台杏仁医生（42 万实名认证医生）的丰富经验。

此外，马丁还担任过西门子医疗信息服务业务发展中国总经理（该业务全球年收入超过十亿欧元），iSoft 集团（CSC 医疗系统）亚太区解决方案和临床总监，以及和睦家医院副总经理（中国第一家中美联合医院）。他曾经也是澳大利亚公立医院的临床医生，和澳洲皇家海军的军医（中尉）。参与过联合国的维和部队，并在悉尼奥运会的反恐行动中担任战争医疗后勤的工作。

“互联网医院不仅需要管理医生，也需要管理和运营一个专业的执业平台。之前我管理过和睦家的中国第一家中美联合医院，又创办杏仁医生多点执业平台，还包括线下实体门诊（医生 Wework 多点执业工作室）的建设和运营。因此我既有实体医院的管理经验，也有多点执业管理经验，因此管理杏仁互联网医院难度不大。”马丁告诉动脉网。

另外，“其实对我来说没有从企业家切换到院长的概念，而是非常自然的三个阶段过渡：从管理医院到管理企业、再到同时管理医院的顺畅。无论在传统医院的管理还是基于杏仁平台延伸到互联网医院管理，其实我都擅长，这也是公司本身的基因。”

在3年前，杏仁医生APP推出定位是中国优秀医生的职业发展伙伴，杏仁的基因自带一切帮助医生经营自身业务为服务核心，这与绝大多数医疗体系的管理人士将医生作为雇员的理念和经验完全不同。

同时，杏仁已经为医生设定了医生多点执业的快捷通道，让医生进行多点执业更便捷，帮助医生运营和管理自己的患者。而杏仁互联网医院也是另一个医生多点执业的通道。它借助杏仁医生APP，无缝嫁接医患沟通和患者管理平台。

在该平台上，同时也面向患者提供远程诊疗服务、衔接线下检验检查机构、线上开处方、诊后随访、线上续方……智连各地医疗资源、携手更多支付方，更加高效、智能帮助患者解决疾病困扰，构建互联网医院开展完整闭环的全流程诊疗生态链。

在马丁看来，现在杏仁推出互联网医院，实际是帮助医生将工作室延伸到线上，不仅是线上咨询、线下诊疗，通过互联网医院，可以平滑延伸进而实现线上线下联动诊治患者。因此，互联网医院管理和运营的核心就是对医生的管理和运营，而在美国、新加坡、中国香港等地医生多点执业的管理已经非常成熟，如新加坡的Parkway和Gleneagles医院，对医生的多点执业管理有非常成熟的管理模式和规范。而国内在新医改一系列的政策催化和推动下，互联网医院对医生多点执业的准入和管理也将很快会成熟起来。

杏仁互联网医院是杏仁“新医疗”版图中不可或缺的中枢神

经系统。它是构建高效智能新医疗体系必不可少的一部分，是连接医疗核心资源、输出高效智能医疗服务、生成健康大数据医疗云体系的重要枢纽。在杏仁医疗云中，包含了病历云、诊断云、处方云、检验云、影像云和基因云等部分，他们相辅相成，独立又融合。只有实现了真正的云整合，新医疗才能帮助医生和医疗机构向大众提供真正的跨地域、跨机构、跨医师的智能医疗服务。全国“共享医疗资源”的目标才能真正实现。

尤其是对于医疗资源欠发达地区的患者，通过杏仁互联网医院，真正实现让患者共享全国优质医疗资源。同时，杏仁以互联网医院为枢纽连接优质的医疗服务供应端，共同建设更加智能的医疗大健康大数据中心，输出智能化医疗服务，最终惠及全民、惠及全人类。

（二）39 互联网医院院长庞成林谈互联网医院管理

39 互联网医院同样拥有两个院长，一个是执行院长，一个是院长。执行院长兼总经理是由庞成林担任，院长是由国内外著名心血管专家霍勇教授担任。

庞成林毕业于北京医科大学（现北京大学医学部），拥有临床医学系本科学位，曾任北大医院心内科住院医师 3 年，并荣获当时“北大医院的十佳优秀住院医师”称号。2006 – 2008 年曾于北大国际 MBA 项目培训培养，2015 – 2016 年中华创投研修班（高七期）结业。

同时，他也是朗玛信息高管，资深医药市场营销和管理人，对外经贸大学 MBA 项目校外导师。主导 39 互联网医院疑难重症二次诊断大方向的战略目标制定、医院平台建立和运营团队建立。曾任拜耳特药市场部门负责人、市场总监以及管理层成员，辉瑞制药高级市场总监，拥有20多年医药市场营销经历和管理层经历，包括曾从业于拜耳制药和辉瑞制药市场部18年和上海罗氏销售约3年，以及经过3年心内科住院医师正规培训，是从医药代表和助理产品经理成长起来的资深医药市场营销人。

在庞成林看来，39互联网医院首先是一个企业，必须以创业和运营企业的原则，人才、财务、产品与研发、战略目标和执行的管理、模式建立与复制等都是需要关注的问题。同时，它也是一个获得政府颁发医疗机构牌照有实体医院依托的互联网医院，因此医院的运营需要符合医疗规律与本质，也就是要确实解决病人的问题，发挥专家的价值。

互联网医院只是互联网医疗的一种形式。庞成林说："互联网医疗的本质仍然是医疗，它也要遵循健康所系性命相托的誓言，也需要做到'总是在安慰、常常是帮助、偶尔才能治愈'。通过它可以把优质医疗、规范医疗、安全医疗高效地连接和放大到更大范围的医疗机构和病人，真正实现优质医疗资源下沉。"

因此，庞成林经常在总经理和执行院长之间转换，就像线上与线下需要融为一体，无限接近医疗现场感的互联网医疗，两者是相互正向促进的。因此，在管理39互联网医院的时候，庞成林主要分为两步走：一个是企业运营的内部管理制度，另一个是医院管理的规章制度。

他的重点是放在医院管理方面，包括医疗法规方面的各种制度与标准、医疗业务质量与安全方面的各种制度与规范、技术管理与安全方面的各种规范，以及将来的各个专科远程会诊规范等。经过这种规范化的管理之后，带来了39互联网医院医疗质量的提升和病例数量的稳步发展，合作医疗机构的增加和医生的满意。

在技术方面，39互联网医院持续优化音视频技术，打造了医疗级的远程医疗平台，可以开展远程疑难重症会诊、远程查房、远程专家门诊、影像会诊、经典名医会诊转播、专家下基层等产品形式，在2016年民进民盟贵州医疗扶贫中应用，得到民进中央主席严隽琪的赞扬。

据庞成林介绍，自2016年6月份上线运营以来，在基层医疗机构开展远程医疗业务，已初步建立了有效助力基层医疗机构落实分级诊疗的可复制模式。目前39互联网医院，已签约各学科近1000位名医专家，与近200家医疗机构合作，遍布全国24个省市，覆盖35个临床专业，超过6000例的远程医疗服务，打造了最贴近医疗本质“现场感”的会诊模式。

只有深入到业务模式里，真正贴近现实医疗实际行为的模式才被认可。目前很多互联网医疗或者互联网医院实际上离临床实践还很“远”，需要探索，不断缩短线上和线下的距离，打造接近医疗的“现场感”，就是“医疗＋互联网”的过程，只有真正让线上和线下的医疗模式和行为紧密联系，克服了医疗中的各种门槛，形成自动化、大数据化、智能化，真正的“互联网＋医疗”、智能医疗才会出现。

一直以来，庞成林都遵循互联网医疗的本质仍然是医疗，专注于优质医疗、规范医疗、安全医疗高效地连接和放大，真正实现优质医疗资源下沉。他希望天下名医都来帮扶基层，让疑难重症病人看病变得简单；助力分级诊疗落实，实现医生价值，提高水平；打造一家受人尊敬的国内领先的互联网医院。

（三）丁香园创始人李天天谈互联网医院管理

2017年3月19日，银川互联网医院签约仪式上，在医疗健康领域深耕多年的丁香园发布消息称，旗下首家银川丁香互联网医院及大数据中心将落户银川。

李天天表示：建立银川丁香互联网医院标志着丁香园在响应国家号召、探索互联网时代医疗服务新模式的路上，又一次迈出了坚定的步伐。同时，这也是丁香园布局C端领域的重要一步，借助其核心产品丁香医生从在线咨询的轻问诊模式，正式升级到为用户提供在线诊疗服务。

因为从互联网医院的应用场景来看，依托互联网技术的连接功能，通过应用电子病历共享、远程高清音视频通信等技术，直接帮助医患完成在线复诊和远程会诊。不管是偏远山区还是发达城市的老百姓，都可以享受到同等质量的医疗服务，大大提升优质医疗资源的利用效率和服务可及性，所以在线诊疗是互联网医院业务的基石。

而针对在线诊疗的运营，丁香园曾在2016年的夏天，开发了应用于微信端，试水6个月，每天咨询量过万。根据丁香园提供的数据显示，这款基于微信平台的在线问诊产品，上线半年时间，在没有大规模推广的情况下成功邀请10000多名三甲医院的主治医师入驻，现在每天付费咨询的问题数接近一万，平均每个问题单价在16元，1季度平台流水最高达550万元，最低430万元。

李天天认为，银川丁香互联网医院的定位是一个医疗平台、医疗机构，同样需要严格控制医疗质量。如果按照实体医疗机构的管理方式来管理是不行的。因为这里没有设备、影像检查、病床、手术操作，所以普通三甲医院那套管理体系根本玩不转。

因此，在设计管理的过程中，“我感觉它更像一个全科诊所的管理。”当时建立丁香诊所时，其定位是全科诊所，在诊疗过程中，设计的用药规范，参考许多临床经验。

在诊疗实践过程中发现：离开我们诊所的患者，还有与医生互动的需求。大概在离开诊所 3 天后，患者有很多的问题反馈。遇到反馈问题的患者，需要服务好，帮助他解决在生活中的问题。

为了用户这个需求，又开发了自己远程帮助患者解决问题的规范，这种规范应用到互联网医院管理中，帮助规范就医流程和控制医疗质量。

以丁香医生为例，分享如何控制医疗质量？

首先，严控医生质量，分三步考量医生能力。在线咨询，并不是所有医生都有这个能力。

第一步，定向邀请医生加入。大部分医患沟通平台，恨不得所有医生都加入，只要是医生都可以上来注册。

“我们认为不是所有的医生都具备远程咨询或诊疗的能力。所以只邀请我们认可的医生为患者提供服务。”李天天说。

第二步，邀请后，在医生提供服务前，要考试。通过发一些模拟问题，医生回答后，我们来判断医生回答的质量。

第三步，通过考试后，在医生提供服务过程中，也会密切关注医生回复用户问题的过程。

“比如患者问了一堆问题，专家答复是你这个问题很复杂，我星期四出门诊，你来我的门诊吧。针对这种专家，我们就把他踢掉了。”这类专家不是本着帮助用户解决问题，而是希望导流到他所在医院的门诊，与丁香医生帮助用户解决难题的初衷不符。

为了公平起见，李天天还设计了“同行评议”，邀请跟他同专业的医生来看他为用户的解答，帮助平台一起去识别和把控医疗质量。

所以，仅仅通过用户的评价去衡量医生是否优秀，通过在线问诊的方式，这对医生来说，是不公平的。因为患者的满意度是主观认知，用户没有专业的医学背景，而医生的能力必须由专业人士去考量，什么样的人能加入，回答得好还是不好。

李天天表示，银川丁香互联网医院针对慢病管理，来实现商业化。同时，在咨询方面采用付费模式。他更愿意去构建一种生态，或者传递可信赖的商业模式。

“对于互联网医院这个领域，我刚入行，需要不断的尝试和探索，所以中间肯定会遇到一些坑儿和坎儿，也会积累很多经验，希望通过大家的努力让这个行业越来越好，让人们健康多一点，疾病少一点。”李天天说。

（四）康康慢病互联网医院创始人曾明发谈互联网医院管理

康康慢病互联网医院由贵阳市卫生健康委员会授予互联网医院牌照，具有挂号、收费、开具电子处方的能力。康康自建慢病互联网医院，为用户提供基于互联网慢病的二次诊疗，其云医院主要由线上医生和医生助理实现，基于血压监测数据提供及时的医生诊疗、咨询、用药调整等服务（杏树林提供医生资源）。调整用药后，用户可直接从康康慢病互联网医院下单，并由合作药企/药店完成药品配送到家服务。

康康互联网医院，定位是做一家慢病管理的互联网医院，只做慢性病相关的在线诊疗和服务，主要是以高血压和糖尿病为代表，不是一个广泛的全面的全科型的医院。

谈互联网医院的时候，康康慢病互联网创始人曾明发直言：“在业内其实是有很多争论的。其中最大的争论就在于网络平台的问诊是否可靠。”

他举了一个例子：

在互联网医院诊疗过程中，患者：某某医生，我胃疼。

医生：症状是什么？

患者：……

针对这种情况，医生究竟该判断患者是吃坏肚子还是胃癌早期？

“不管是中医还是西医，需要望闻问切，面对面真实和患者沟通，甚至需要做一些辅助的检查，才能确定患者的致病因。”曾明发说。

因此在互联网医院的诊疗过程中，没有患者的病史，没有检测手段，无法进行医学性的诊断。而慢性病却是可以的。因为高血压糖尿病这两种慢性病是介于疾病和健康之间的问题。

换句话说，患者得病后，如果控制不好，引来了一些并发症或者重大疾病，可能会演变成脑梗、心梗；如果他要是控制好，基本上就是一个生活方式的问题。

同时，针对慢性病在确诊方面是比较容易的，有指标显示，不需要复杂的确诊。慢性病患者基数庞大，拿高血压来说，全国18岁以上的发病率超过25%。

而互联网最大的特点是只有人数众多，它的优势才能发挥出来，以极低的管理成本和运营成本，提高效率问题。

因此，在康康慢病互联网医院的管理过程中，曾明发更注重专业的企业管理。在慢病管理闭环中，保险作为控制医疗费的重要金融工具，是不可缺少的。康康与保险公司合作（泰康在线、众安保险提供保险合作），将血压仪、保险服务打包销售，培养用户血压监测行为习惯，以便获取更多有效数据。只有依托大量个人数据，康康才能针对患者提供有效实时的慢病管理服务。

慢病管理闭环中另一角色是药企（以岭药业、德开医药提供医药配送等服务），通过康康血压获取连续血压监测数据，为其研发新药，药品精准营销提供数据支持。相对，与康康血压合作的以岭药业，致力于冠心病、心绞痛等中成药的研发，将以慢病预防管理的角色参与到康康慢病互联网医院的搭建中。

而康康血压所建立的康康慢病互联网医院，首诊在社区，互联网诊疗只做慢病诊治和远程慢病签约。因为慢病确诊容易，覆盖人群广。真正的疾病在互联网上是不容易治疗的，而慢病对于互联网医疗而言，是有机会的。慢病患者确诊之后，在医院是无法治愈的，它需要长期的干预和综合的健康管理。面对这样的状况，康康血压设计了大数据加可穿戴设备作为慢病的管理手段，实现居家、远程的医疗级慢病监测，随时随地监测身体指标症状的变化。

康康血压推出了“双全计划”，希望打造一家“没有围墙”的医院。“双全计划”的全称是全面筛查和全程管理，是一套以高血压，糖尿病为代表的慢病防控体系的方法。传承于吴英恺、刘力生等专家在北京首钢建立的我国第一个慢病防治网络，能够有效降低高血压并发症的发病率，并得到了世界高血压防治工作的认可。

它的主要方法是以基层医疗机构作为主要的载体，把互联网医疗和传统医疗进行有效的融合。首先，康康血压以基层医疗机构为核心，建立医疗工作站，作为辖区居民的服务支点。然后，以物联网设备作为延伸，实现远程的管理。康康血压提供了整套的解决方案，包括可穿戴的动态血压设备和远程智能血压计的组合，实现医疗级别的居家监测。数据可以实时上传与共享，实现有效的远程居家监护，解决好慢病管理的最后一公里。

四、互联网医院信息安全管理

（一） 医疗信息安全市场缺乏活力的根本原因

2018 年，医疗信息化、互联网医疗重量级政策和标准频发，如表 4－1 所示，这为医院进入下一个发展阶段奠定了基础。

表 4－1　2018 年发布的有关互联网医院的政策

发布时间	文件名	发文机构
4 月	《全国医院信息化建设标准与规范（试行）》	国家卫健委
	《关于促进“互联网＋医疗健康”发展的意见》	国务院办公厅
8 月	《关于进一步推进以电子病历为核心的医疗机构信息化建设工作的通知》	国家卫健委医政医管局
9 月	《互联网医院管理办法（试行）》	国家卫健委和国家中医药管理局
	《互联网诊疗管理办法（试行）》	
	《远程医疗服务管理规范（试行）》	
	《关于印发国家健康医疗大数据标准、安全和服务管理办法（试行）》	国家卫健委

但无论是医院信息化建设、互联网医院还是远程医疗，都离不开数据安全的问题。云时代的来临，更是让医院保障信息系统和数据的安全性，显得尤为重要。

动脉网结合 2018 年《全国医院信息化建设标准与规范（试行）》安全要求，以及中国医院协会信息管理专业委员会 CHIMA

发布的《2017－2018 中国医院信息化状况调查报告》中的相关数据，将两者相互印证之后，动脉网得出了目前三级医院信息安全建设情况，如表 4－2 所示：

表 4－2　2017－2018 年中国三级医院信息安全建设情况表

<table>
<tr><td colspan="3">2018 年《全国医院信息化建设标准与规范（试行）》安全要求</td><td colspan="2">2017－2018 年中国医院信息化状况调查报告情况</td></tr>
<tr><td rowspan="22">数据中心安全</td><td rowspan="3">防火墙</td><td>WEB 防火墙</td><td rowspan="3">防火墙</td><td rowspan="3">应用比例：89. 73%</td></tr>
<tr><td>数据库防火墙</td></tr>
<tr><td>网络防火墙</td></tr>
<tr><td rowspan="5">安全审计设备</td><td>网络安全审计</td><td colspan="2" rowspan="4">\</td></tr>
<tr><td>数据库审计</td></tr>
<tr><td>运维审计</td></tr>
<tr><td>主机安全审计</td></tr>
<tr><td>漏洞扫描设备</td><td rowspan="3">漏洞扫描</td><td rowspan="3">应用比例：23. 95%</td></tr>
<tr><td rowspan="2">系统加固设备</td><td>漏洞扫描设备</td></tr>
<tr><td>WEB 漏洞扫描设备</td></tr>
<tr><td rowspan="4">数据加固设备</td><td>网络防泄露设备</td><td colspan="2" rowspan="2">\</td></tr>
<tr><td>存储数据防泄露设备</td></tr>
<tr><td>数据库加密设备</td><td rowspan="2">数据加密</td><td rowspan="2">应用比例：11. 03%</td></tr>
<tr><td>邮件加密设备</td></tr>
<tr><td rowspan="8">入侵防范设备</td><td>入侵防御设备</td><td rowspan="2">入侵监测设备</td><td rowspan="2">应用比例：46. S77%</td></tr>
<tr><td>入侵检测设备</td></tr>
<tr><td>网络准入控制设备</td><td>网络接入控制</td><td>应用比例：39. 92%</td></tr>
<tr><td>防病毒网关设备</td><td>防毒墙设备</td><td>应用比例：50. 57%</td></tr>
<tr><td>网络安全入侵防范</td><td rowspan="4">网络版反病毒软件</td><td rowspan="4">应用比例：85. 55%</td></tr>
<tr><td>主机入侵防范</td></tr>
<tr><td>主机恶意代码防范</td></tr>
<tr><td>网页防篡改</td></tr>
</table>

续表

<table>
<tr><td colspan="3">2018 年《全国医院信息化建设标准与规范（试行）》安全要求</td><td colspan="2">2017－2018 年中国医院信息化状况调查报告情况</td></tr>
<tr><td rowspan="12">数据中心安全</td><td rowspan="6">身份认证系统</td><td>统一身份管理</td><td>域用户管理模式</td><td>应用比例：47.53%</td></tr>
<tr><td>电子认证服务</td><td>电子签名（公钥密匙框架）</td><td>应用比例：14.83%</td></tr>
<tr><td>用户身份鉴别</td><td rowspan="2">身份认证</td><td rowspan="2">应用比例：16.73%</td></tr>
<tr><td>个人隐私保护</td></tr>
<tr><td>网络设备身份鉴别</td><td rowspan="2" colspan="2">\</td></tr>
<tr><td>主机身份鉴别</td></tr>
<tr><td rowspan="2">访问控制系统</td><td>上网行为管理</td><td>上网行为管理</td><td>应用比例：57.41%</td></tr>
<tr><td>虚拟化安全防护</td><td rowspan="2" colspan="2">\</td></tr>
<tr><td rowspan="4">安全管理系统</td><td>文档安全管理</td></tr>
<tr><td>日志审计系统</td><td>数据库行为审计</td><td>应用比例：32.70%</td></tr>
<tr><td>资产风险管理</td><td rowspan="2" colspan="2">\</td></tr>
<tr><td>统一安全管理</td></tr>
<tr><td rowspan="9">终端安全</td><td rowspan="2">身份认证设备</td><td>电子信息鉴别</td><td>电子签名（公钥密匙框架）</td><td>应用比例：20.53%</td></tr>
<tr><td>生物信息鉴别</td><td>生物信息识别技术</td><td>应用比例：4.56%</td></tr>
<tr><td rowspan="2">介质安全设备</td><td>安全 U 盘</td><td rowspan="7" colspan="2">\</td></tr>
<tr><td>移动存储介质</td></tr>
<tr><td rowspan="2">客户端管理系统</td><td>客户端终端认证</td></tr>
<tr><td>虚拟专用网络客户端管理</td></tr>
<tr><td rowspan="3">终端安全管理系统</td><td>桌面终端安全管理</td></tr>
<tr><td>移动终端安全管理</td></tr>
<tr><td>移动存储介质管理</td></tr>
</table>

续表

<table>
<tr><td colspan="3">2018 年《全国医院信息化建设标准与规范（试行）》安全要求</td><td colspan="2">2017－2018 年中国医院信息化状况调查报告情况</td></tr>
<tr><td rowspan="10">网络安全</td><td rowspan="2">结构安全设备</td><td>单向网闸</td><td rowspan="2">网闸设备</td><td rowspan="2">应用比例：50.57%</td></tr>
<tr><td>双向网闸</td></tr>
<tr><td rowspan="2">通信加密设备</td><td>虚拟专用网络设备</td><td>VPN 设备</td><td>应用比例：50.95%</td></tr>
<tr><td>加密机设备</td><td rowspan="6">\</td><td rowspan="6"></td></tr>
<tr><td rowspan="3">网络优化设备</td><td>广域网加速设备</td></tr>
<tr><td>链路负载均衡设备</td></tr>
<tr><td>流量控制</td></tr>
<tr><td rowspan="2">网络安全管理</td><td>安全策略管理</td></tr>
<tr><td>网络设备管理</td></tr>
<tr><td rowspan="12">容灾备份</td><td rowspan="2">基础设备灾备</td><td>本地备用机房</td><td rowspan="4">主要服务器双机热备</td><td rowspan="4">应用比例：77.95%</td></tr>
<tr><td>异地备用机房</td></tr>
<tr><td rowspan="2">备用网络灾备</td><td>备用网络链路</td></tr>
<tr><td>备用网络设备</td></tr>
<tr><td rowspan="4">数据备份与恢复</td><td>本地数据备份</td><td>数据库镜像备份</td><td>应用比例：55.51%</td></tr>
<tr><td>本地数据恢复</td><td>数据灾备</td><td>应用比例：62.74%</td></tr>
<tr><td>异地数据备份</td><td>集中存储异地镜像备份</td><td>应用比例：29.28%</td></tr>
<tr><td>异地数据恢复</td><td colspan="2">\</td></tr>
<tr><td rowspan="4">应用容灾</td><td>本地应用高可用</td><td rowspan="4">应用系统级灾难恢复</td><td rowspan="4">应用比例：50.95%</td></tr>
<tr><td>本地应用恢复</td></tr>
<tr><td>异地应用容灾</td></tr>
<tr><td>异地应用恢复</td></tr>
</table>

从表中可以看出，目前三级医院的信息安全建设，主要集中在防火墙、反病毒、VPN/网闸和容灾备份这四个方面；建设较差的主要包括安全审计、身份认证、隐私保护、终端安全和网络安全。

针对医疗行业信息安全市场的现状，广州市妇女儿童医疗中心数据中心副主任曹晓均给出了自己的观点。他认为，市场的大小根本原因在于医疗行业的安全建设相对落后。行业中，并没有整体的安全规划或建设思路。并且，大部分医院的安全建设都是满足合规性要求上的投入。如采购几台防火墙、终端管理软件再加上管理制度，就可以通过等保要求，真正用心做安全整体设计的并不多。这种现状，导致整个医疗信息安全市场缺乏活力。

此外，目前国内医疗行业更关注业务发展需求，缺乏专业的网络安全人才储备，这也是目前比较大的挑战。

一位业内人士则透露，一方面医院信息部门的地位相对弱势，信息化建设大多取决于院方领导的意识。对医院来说，单位网络设备体量不大，一般是纯内网的环境，当前重点建设基本集中在网络基础设施完善，安全建设相对滞后。再加上医疗行业属于财政差额拨款单位，有相当一部分医院资金不富裕，因此安全建设的优先级相对较低。

对于国内医疗信息安全市场现阶段的产值规模，作为国内信息安全企业的代表，绿盟科技相关负责人分析了以下两点原因：

其一，信息安全相关配套政策和标准较少。在网络安全法正式实施之前，国内对于个人隐私信息的安全要求几乎空白。而医疗行业是涉及个人隐私信息最为深入的领域，没有法律法规上的明确要求，没有行业标准的具体指向，各级医疗机构很难认识到信息安全对自身业务的深刻影响，也就很少会主动考虑在安全方面有所投入。

其二，信息或网络安全对医疗行业的实际业务推进上缺乏直观的价值感受。举例而言，一所三甲医院每年的IT类投资可能达到千万级。但医院决策者基于业务发展的考虑更多的会对临床、研究、医技等业务领域方面进行投入，原因就在于这些IT投资对业务的推进和支撑几乎是肉眼可见，而信息安全的价值却很难被感知。防护了多少安全攻击、解决了多少安全漏洞、抵御了多少次信息泄露，这些都不会被直接展示到决策者的案桌上。

正因如此，最近两年，各大信息安全厂商均在重点考虑和投入安全运营和效果可视化。

（二）保障互联网医院的信息安全

互联网医院的概念提出，是为了解决原有传统医疗体系中所欠缺的专业医疗资源不均衡和医疗服务体验差的问题。因此互联网医院为了解决这两大核心问题，采用的机制是借助互联网这个强大的资源共享方式，借助云计算和大数据等技术，从模式和能力上作为传统医疗业务的补充。

互联网医院的管理办法中提到，互联网医院由互联网进行远程访问，会涉及实体医疗机构的重要系统数据交换，同时根据互联网医院信息系统按照国家有关法律法规和规定，实施第三级信息安全等级保护。所以，在满足医院的互联网接入和虚拟专用上，医院还要满足数据安全的要求。

从本质上讲，互联网医院的信息安全所要保障的根本并没有变，依然是对于数据，特别是医疗临床等相关的健康数据的保护，从传输、处理、共享、存储各方面考虑其安全性。因此，要满足这类安全需求，绝不是单一的安全产品能实现。医院需要充分结合实际的技术场景，选择在各个维度能够达到风险控制需要的安全产品。

例如，在传输层面，互联网边界需要考虑访问控制、入侵防护、病毒检测和防护、WEB 安全防护等措施。而在数据交换场景下，医院需要考虑数据脱敏、数据加密、数据防泄漏、数据库审计或防护等。所以，没有最好的安全产品，只有最适合业务的安全解决方案。

对于目前备受关注的互联网医院的信息安全建设，国内知名数据安全厂商安华金和医疗行业负责人认为，互联网专线和 VPN 能够解决一部分的外网接入的安全问题，但从业务访问的角度来讲，业务数据系统对外提供，包括远程医疗、医保查询、预约挂号等都需要直接访问业务数据，对于数据本身的访问安全以及对于内网访问安全也需要加强。

例如，在数据库安全方面可以采用数据库审计、数据库防火墙、数据库加密、数据库脱敏等手段进行安全加固。整体而言，可以从主动防御体系的思路做安全建设，这涉及四道防线：

第一道防线，检查预警。通过数据库漏扫产品对数据库威胁进行检查分析，给出安全建议。

第二道防线，主动防御。通过数据库安全运维产品的身份识别、运维审批、流程管理，防止非法人员操作；防止外部攻击破坏；与此同时做好内部防护，防止内部超级权限。

第三道防线，底线防守。

阈值管控：规避批量恶意访问，针对大批量医疗泄密进行告警控管，防止医疗数据批量查询；

数据库加密产品：防止医患数据泄露“脱库”；

数据库脱敏产品：医疗数据去隐私化，防止泄漏真实数据给第三方。

第四道防线，事后追查。利用数据库审计产品来区分是外部威胁还是内鬼作案，可以对安全事件进行责任追溯。

对于互联网医院 APP 的安全问题，绿盟科技则认为应该从应用服务端、网络通信和用户三个层面来整体看待。

对于服务端而言，基于移动应用端的 APP 安全与传统的 WEB 安全并无本质区别，现有的 WAF 类防护产品依然适用，能够防护来自 APP 端的攻击，网络通信端的安全则主要考虑数据的保密与完整性。因此，医院可以通过 SSL 或 HTTPS 来解决。

而移动端的安全，对医院这样的企业级用户而言，几乎不可能通过传统意义上的安全产品来解决安全漏洞问题。因为无法要求每个移动端用户自己按照要求安装指定的安全软件，那会带来极大的用户体验下降。因此，目前更多的医疗机构在上线 APP 应用前，会进行系统性的安全评估和安全的黑白盒测试。基于测试和评估结果，安全厂商能够指导开发者对不安全的漏洞进行及时修复，以此来彻底解决 APP 的安全问题。

曹主任的观点与绿盟科技类似，他认为，在远程移动的访问上，采用 SSL VPN（国密）实现远程访问的确是较好的方案。在互联网医院与偏远地区医疗机构、基层医疗卫生机构、全科医生与专科医生的数据资源共享和业务协同上，可以考虑采用安全一体机部署在基础医疗机构本地，实现 VPN 安全组网和数据加密传输。

根据 2018 年《全国医院信息化建设标准与规范（试行）》安全的要求，三级医院的数据安全保护主要包括以下 8 大措施：

（1）防火墙。

（2）安全审计设备。

（3）系统加固设备。

（4）数据加固设备。

（5）入侵防范设备。

（6）身份认证系统。

（7）访问控制系统。

（8）安全管理系统。

对于现阶段三级医院建设较弱的身份认证环节，绿盟科技负责人表示，目前这部分医院普遍使用 4A 产品如堡垒机，来解决院内的统一认证的问题。通过账号、认证、授权、审计四个过程，来解决对数据的访问权限的问题。

而认证的方式则可以根据所访问的数据和系统，医院可以自行选择强度适合的方式。例如针对核心的 HIS 数据，访问可以采用多人、多因素的认证方式，两个或两个以上的人员保存一副密钥的部分，通过静态密码结合短信令牌、CA 证书、指纹或其他生物特征识别技术来实现强认证方式。针对医院的医护工作人员，则仅进行静态密码的认证来实现，以保障业务的顺畅性。

在 2018 版的《电子病历应用管理规范（试行）》解读中，首都医科大学附属北京天坛医院信息中心主任王韬曾阐述了现有数字签名在电子病历数据保护上存在的两大隐患：

（1）签名内容的专属性，目前尚未出台电子病历签名内容的标准，这导致 CA（证书授权中心）在签名时不考虑提交签名的内容是否存在问题，这导致患者存在“被调包”的可能性。

（2）签名内容完整性。由于医院签名次数较多，CA 在验签时无法发现医院每次提交内容中是否包含不利信息。

以上两种隐患，王韬认为可以通过“签名 + 时间戳”的方式进行解决。如此一来，就能保证每次的操作人员和操作时间可查询、可追溯。

但据曹主任所言，目前普遍的认证方式都没真正在医院用起来。比如内网中采用最多的 CA 认证，虽然它可以实现双因素认证，提高认证的安全性，但因为使用起来比较麻烦，并且还存在兼容性问题，因此医院采用的其实并不多。

而在数据的查询、追溯、管理上，医院可以采用日志审计、堡垒机、数据库审计等方式进行管理，实现一定程度上的数据保护。但是在大数据上，非结构化的数据会存在一定的问题。并且多设备的部署，医院在管理运维方面也会比较麻烦。因此曹主任认为，在新的安全技术方向上，医院可以采用软件定义安全的模式进行部署。

（三）VPN 和防火墙：信息安全管理的两大设备

在腾讯发布的医疗行业安全指数报告中提到，目前医疗行业的网络安全设备首选防火墙和 VPN 设备。

造成这个结果的原因，绿盟科技负责人认为主要有两个：

一是这两类产品的使用范围更多，凡是有网络边界的地方几乎都要用到防火墙进行逻辑隔离。而 VPN 则是目前最为低成本和稳定的专用网络解决方案，凡是涉及有需要远程接入访问内网的场景，都需要借助 VPN 实现，这造成了巨大的需求基数。

二是医疗用户普遍对网络安全的认识还不够深刻。特别在广大的基层医疗机构，因为网络规模较小、信息数据量也不大，认为边界防护有防火墙，通信数据保障有 VPN 即可确保整体网络安全。

但其实无论医疗机构的大小，涉及病患隐私信息数据、临床信息数据等敏感数据的重要程度都是不言而喻的。对这类数据的保护除了防火墙和 VPN 之外，还需要考虑边界的纵深防护，诸如入侵防护、病毒过滤、针对 WEB 应用的 WAF 产品，针对数据库保护的数据库防火墙和安全审计等环节，都需要考虑建设。

对于目前医院 VPN 的使用现状，安华金和负责人在与某三级医院信息科主任沟通之后，也给出了自己的观点：VPN 一个用途是用于远程维护，另一个主要的用途是区域联网。但目前区域联网更倾向于专线，只有条件不够的医院才选择走 VPN。比如不少医院与市卫健委、省卫健委的连接方式就采用专线，而条件达不到的医院，则只能使用 VPN 实现连接。

此外，在实际使用中，医院不仅要考虑互联网访问的接入安全，还需考虑数据平台的安全。如果用户的 VPN 账户被盗取或者边界被入侵，那么核心的数据将直接暴露在攻击者面前。因此在对访问进行准入控制的同时，也需要通过数据安全手段对核心数据进行专业的防护。

对此曹主任也给予了认同，他表示，在目前医院的安全建设中，医院内网及远程医疗的发展尤为重要。因此，防火墙和 VPN 自然就作为刚需或首选。但随着如大数据、云计算、移动互联网、物联网等新技术的发展，安全技术同样需要发展和更新。

曹主任建议，医院可以进行体系化的安全建设，包括安全技术体系、管理体系、运营体系（服务体系），三者相辅相成。在方案上，可以采用融合安全、立体保护的架构，比如采用一体化的安全设备，减少设备运维管理压力。另外，在端点安全、网络边界安全、云端安全、安全服务、安全管理制度等方面，医院都应该及时加强。

（四） 如何应对日益泛滥的勒索攻击

2018 年 1 月 15 日，位于印第安纳州汉考克健康的 Greenfield 受到勒索软件攻击，这促使技术人员关闭了整个网络。在医院电脑屏幕上出现勒索软件通知后不久。黑客竟然猖狂地表示，在技术人员支付比特币赎金前，他会长期“保管”一定数量的系统“人质”。

对此，卫生系统的 IT 团队立即关闭了包括医生办公室和健康中心在内的所有网络，以隔离病毒。相关技术人员表示，黑客正试图让医院无法运营，使用“数字挂锁”来限制人员对系统部分功能的访问。

McAfee 首席科学家 Raj Samani 表示：“就勒索软件而言，医疗行业遭受的损失可能是最多的。勒索软件的爆炸式增长，其发源也是医疗领域。黑客们或将从传统形式的勒索软件，转向更多地网络破坏和服务中断型攻击。”

据动脉网了解，勒索病毒和挖矿病毒之所以威力巨大，一般是由于利用了永恒之蓝等远程攻击方式，能够自我传播。因此，一个有趣的现象是，即所谓的内外网隔离的内网环境反倒更多地遭到侵袭，病毒也更泛滥。原因在于，相比于跟互联网直接接触的场景，纯内网的生产环境对安全少了对危机的敏感度。因此，被攻击或遭到病毒的侵袭也就成为必然结果。

在应对勒索病毒一事上，曹主任认为安全事件并非遥远不及。安全建设也不是单单的满足合规性建设，因为，哪怕很多医院通过等级保护三级的验收，也一样会中勒索病毒。原因是安全技术的发展，传统的防御技术对新型的威胁或者病毒是逐步失效的，所以需要加强监测与响应的能力。

在针对勒索病毒或者挖矿软件的风险上，曹主任认为可以采用四个阶段的防护措施：

第一阶段：加强端点安全的建设，包括主机（PC/服务器）的系统补丁管理、安全基线管理、病毒查杀软件等。可以部署下一代端点安全系统，如EDR软件，可以通过人工智能、大数据技术实现勒索病毒变种及未知威胁的防护。

第二阶段：加强全网流量风险监控及安全可视化的能力，通过整体安全感知平台，通过流量分析实现网络中的风险可视化，例如出现病毒感染时，可以通过全网的主机风险展示进行管理。

第三阶段，在网络边界处部署下一代防火墙设备，需要支持IPS、僵尸网络识别、AV防护等一体化的设备，并且可以和感知平台实现联动，当平台发现问题后下发策略到防火墙上进行阻断。

第四阶段，加强全网应急响应及应急演练的能力，可以通过采购第三方专业的安全服务，实现快速的事件响应。对勒索病毒进行预防和应急处置。

延伸阅读

信息安全管理是一个长期过程

医疗行业性政策标准和近两年随着网络安全法正式实施，以及一些跟个人信息保护、关键信息基础设施保护等相关的法规、条例和标准，都对于医疗行业整体的网络安全环境形成有着非常正向的作用。细化行业政策和标准的出台，从顶层设计到具体实现各个层面进行了一定的归一化和标准化，统一共性问题的认识，统一解决思路，这不管是对于医院还是安全厂商都是非常利好的事情。

医院用户具有了在细分业务上权威的信息网络安全参考，安全厂商也可以在解决行业需求的问题上，更多地朝同一个大方向上的不同维度和领域来扩充和输出优势能力，对产业和行业用户来说，是一个多赢的结果。

虽然行业形势一片大好，但曹主任也给出了自己的一点建议：

虽然目前几乎所有的安全企业都在积极地学习和解读这些安全标准和政策，并根据自己的安全实践提炼出切实可行的医疗安全方案。但也应该清醒地看到，政策标准到具体执行落地还需要一定的时间，短期内对应医院的信息化建设上效应不明显，这是一个长期的过程。

第五章

互联网医院的模式

一、两大主流商业类型

根据目前互联网医院的分类，大致有两类驱动因素：一是由第三方公司驱动，动员区域乃至全国医生参与；二是医院去做诊疗。直接或间接面向终端用户提供在线诊疗、电子处方、在线医嘱、支付与结算、药品配送等医疗服务。直接服务也即用户通过网页端或 APP 端等线上渠道与专家“面对面”诊疗。间接服务是将诊所、药店、社区卫生服务中心等作为接诊点，用户在基层医生的帮助下同上级医院专家进行远程会诊。

蛋壳研究院根据市场上互联网医院的医疗服务路径差异，归纳认为互联网医院主要有两大主流模式：B2C、B2B2C。

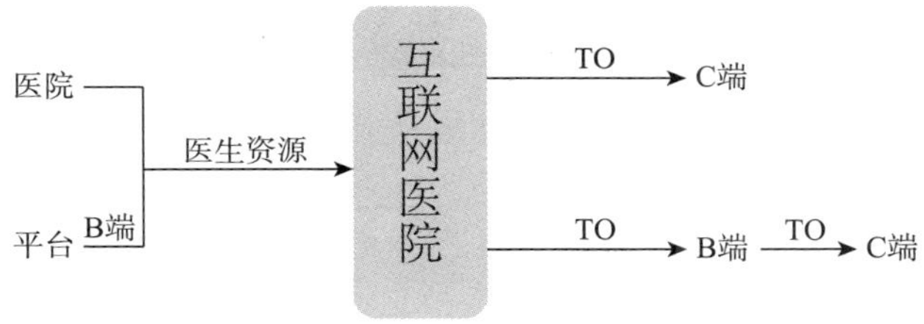

图 5－1　互联网医院服务模式图

如图 5－1 所示，根据服务模式的不同，对应的接诊点、医生来源、处方开单率、医疗质量、问诊价格等都有所差异。相对比较来看，B2B2C 模式更被行业看好及居民信任，如表 5－1 所示。

表 5－1 B2B2C 模式与 B2C 模式的区别表

	B2B2C	B2C	
		B2C（医院）	DTC（平台）
代表医院	广东省网络医院	浙大一院互联网医院	好大夫在线智慧互联网医院
接诊点	诊所或药店	任意地点	任意地点
医生来源	本院全职或兼职	本院全职或兼职	合作医院、签约医生
远程问诊处方开单率	较高/60%左右	较低	不定
医疗质量	本院负责	本院负责	医生负责
问诊价格	图文、视频价格递增	付费	图文、电话、视频价格递增

B2C 模式

根据医疗资源的来源可以分为 B2C（医院）和 DTC（平台）。也即来源于医院的医生和平台上来自区域甚至全国的医生对患者进行的问诊。问诊方式主要有两种：首诊和复诊，首诊以年轻医生为主，通过平台，对患者进行一些简单的常见的健康问题进行解答或建议；复诊，目前大多数互联网医院平台对外宣称以复诊居多。其一般是在线下进行第一次诊疗后，将后续随访诊疗搬到线上。目前主要针对高血压、糖尿病等慢性病进行网上复诊，帮助提高医院执行效率。

特点：

（1）直接与患者进行线上诊疗；

（2）不受地理、空间限制；

（3）处方开单率低且不稳定；

（4）在线问诊收费，价格据医生级别、问诊方式等有所不同。

B2B2C 模式

这种模式一般以医联体形式呈现，上下级医师协调，接诊点有诊所、药店、社区卫生服务中心、村医院等基层机构，所以医生对面是医生，医生身边是社区周边患者，基层医生向上级专家提供患者病史、化验报告等，一般通过视频问诊的方式，然后上级医院专家再进行诊断和开药。

特点：

（1）依托医院设立“网络诊疗门诊科室”；

（2）依托线下接诊点提供医疗服务；

（3）远程问诊处方开单率较高。

二、互联网医院的盈利模式

互联网医院盈利模式，如图 5－2、图 5－3 所示，目前还处于摸索阶段，但也不乏已取得初步成效的一些案例。根据互联网医院以打造“医药险”闭环的生态系统属性，我们将从这三方面来分别讨论。根据对市场现有模式分析，目前大量互联网医院是依靠医疗服务及药品服务收费，商保合作还处于挖掘探索中。

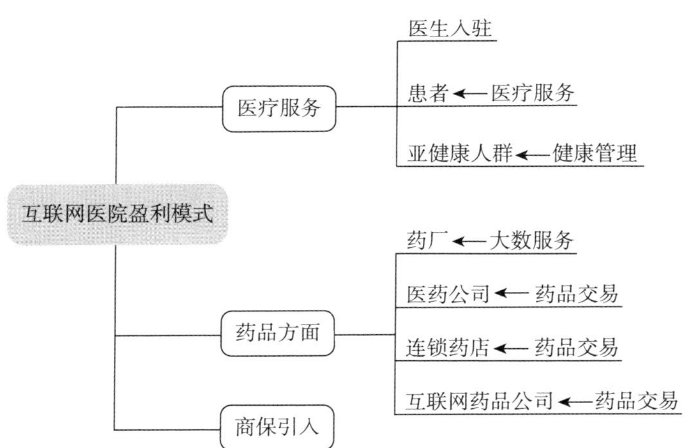

图 5－2　互联网医院盈利模式图

（一）医疗服务收费

医疗服务收费，即面向用户，包括向患者、亚健康人群提供图文、电话、视频等医疗服务。其收费模式有一次性沟通收费和月度/年度收费。按提供方式和医生级别不同，费用逐层递增，月度/年度收费主要针对家庭医生制。

面向患者，根据互联网医院提供的预约挂号、在线问诊等服务进行费用分成。针对亚健康人群，提供健康管理服务。随着国家推动分级诊疗、家庭医生签约服务等。互联网医院一般嵌入了“家庭医生”签约板块，费用根据科室、签约时间等不同，从几百到几千元不等。

针对医生个人，向合作入驻的医生收取平台入驻费。

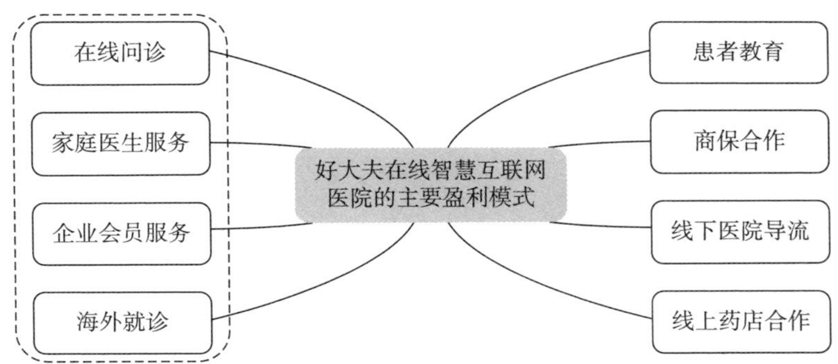

图 5-3 好大夫在线智慧互联网医院的主要盈利模式图

据官方网站信息显示，好大夫在线·智慧互联网医院的产品主要有五种：

（1）信息查询服务，类似百度知道，如搜索“感冒”会出现感冒及相关疾病下的医生文章、经典咨询、介绍、症状、检测、病因、治疗相关分类，患者可以根据自己需求进行详细了解；

（2）专家咨询服务，包括在线问诊（图文咨询、电话咨询、视频咨询），以及家庭医生服务。在线问诊按问诊方式不同，价格依次递增，低的几块，高至上千。对医疗服务满意的医生，好大夫设置了类似点赞功能，患者可以赠送虚拟的花篮、果篮等表达心意。家庭医生会员服务包含：①无限次的图文交流；②无限次的电话回拨；③（紧急时）每月 2 次拨打医生的私人电话；④如果遇到疑难问题，家庭医生会通过邀请专科医生电话为患者免费解答疑问。按签约时间，由几百到几千不等。

（3）偏重问诊的就诊服务，有免费转诊和海外转诊，免费转诊就是将部分需要线下进行化验、手术的患者分发到那些有闲置医疗资源的优质医院；海外就诊包含海外医学专家远程咨询和赴国外权威治疗，海外远程咨询服务内容涉及病历收集整理、医学翻译、美方专家选择与预约、会诊报告翻译与解读、国内权威医学专家预约等。服务收费：人民币 42000 元起。赴国外权威治疗服务内容有病历收集整理、医学翻译、多学科会诊协调、归国后国内权威医学专家预约等，服务收费：人民币 78000 元起。

（4）企业会员服务，提供高品质的医疗专家为管理团队及其家人的身心健康服务。

（5）患者教育服务，即帮助一些药厂做患者教育。

此外，银川智慧互联网医院已经与好药师、健客等具有资质的线上药店合作，医生开出处方后，由具备资质的在线药品供应商送药上门，解决中国偏远地区药品种类不全、新药缺乏的问题。

（二）药品方面

互联网医院除了诊疗服务外，还涉及电子处方以及药品购买，这就涉及药品交易，通过处方药的销售，与合作方进行利润分成。目前市场合作公司主要有药厂、医药公司、互联网医药公司以及连锁药店。

跟药厂合作有大数据服务和患者教育等，如通过对平台后台的医疗数据进行整理和分析，向药厂提供数据报告并收费，为用户提供个性化的用药指导。或如好大夫在线模式，帮助药厂提供患者教育渠道。

和大型连锁药店，通过设置接诊点，将电子处方下传至连锁药店。或通过 LBS 技术合作，为用户提供几公里内的药品配送服务。

如在 2016 年年初，乌镇互联网医院发布了百万接诊点延伸计划，通过发展药店终端，为会员提供精准预约、远程诊疗、检查检验、电子处方等服务，将药店从单纯的药品销售升级为预约挂号中心、远程问诊中心、检查检验中心和电子处方中心。

同期，阿里健康在湖北与武汉市中心医院签署合作协议，用户通过天猫医药馆的网络医院入口，可进行挂号和就诊，然后获得电子处方。其中，OTC 药品可以通过天猫医药馆平台或由线上的网店完成销售，处方药则或由线下的合规药店完成销售，菜鸟物流网络实现配送。

此后，阿里健康又在甘肃等二三线城市开通网络医院，通过建立药店联盟来实现药品配送闭环。

（三） 商保引入

根据市场的反应，互联网医疗和商保的组合模式目前主要是自建和合作。比如互联网医疗公司自己成立健康保险公司，代表是阿里健康；或保险公司推出互联网医疗项目，如平安好医生，寄希望从医药联动到保险。通过介入医疗诊断过程，达到控费的目的。

合作是互联网医疗和商保组合的常见手段，互联网医疗公司借此完善支付闭环，商保通过互联网医疗平台的规模化大数据介入医疗，干预医疗行为，从而提高对患病率的精准判断。

以前业内对于在线问诊的合法性、可行性还存在担忧，但随着互联网医院的推出，政策的逐步放开，为商保和互联网医疗公司的创新拓展了发展空间。以乌镇互联网医院为例，通过与保险、银行等合作为个人、家庭、企业提供健康计划。

微医乌镇互联网医院主要盈利模式

根据微医 APP 及网站呈现的信息，乌镇互联网医院主要提供以下几类服务，如图 5－4 所示。

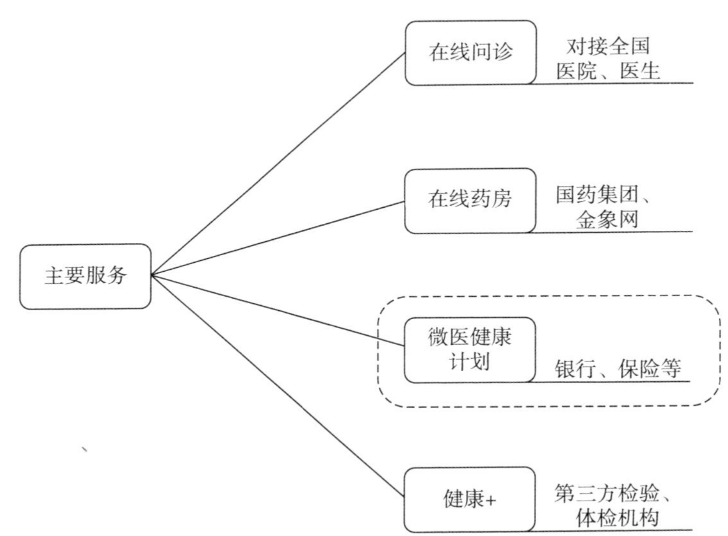

图 5－4　微医乌镇互联网医院提供的主要服务

（1）预约挂号。官方平台显示，截至2017年3月底，聚合了来自全国30个省（直辖市）2400多家重点医院的信息系统实现连接，拥有超过26万名重点医院的专家。患者可根据区域、医院、科室快速筛选对应班次。挂号费分普通号和专家号，普通号一般为5元或7元，专家费有20元、300元等。不过平台并不收取任何额外费用，仅由医院自行设定。

（2）在线问诊。患者可以通过图文问诊和视话问诊的方式与全国医生进行在线诊疗。随后互联网医院医生开出在线处方，处方上的药物将通过第三方药企配送到患者手中。价格依问诊方式从10元到500元不等。目前提供14个科室。平台通过医疗服务费分成营收。

（3）在线药房。这个版块主要涵盖了处方药、非处方药等药品，患者可以通过在线药房购药，享受送药到家的服务。不过流程是患者选择药品后，需先同医生交流，然后医生开具处方，完成购药。此外，平台还植入了一个版块是“健康云城”，主要销售非处方药和保健品，患者无需咨询，可以直接进行购买。这部分主要由国药集团和金象网提供支持，药品配送由国药集团负责。金象网负责医药电商操作。据媒体暴露，微医集团在2015年1月收购金象网。

（4）微医健康计划（VIP会员）。目前有三类服务：会员服务计划；企业员工福利计划（企业HMO、企业ACO）。

会员服务计划主要针对家庭，该模式提供以责任医生为核心的健康管理服务，推出365元/年的基础服务套餐。会员可享受7×24小时电话、图文问诊、定时诊后随访、健康档案管理等服务。

企业HMO“健康E务室”，也即向会员企业配备专属医生或健康助理。通过线上E务室和实体医务室，向员工提供咨询问诊、开药、导诊分诊、线上线下转诊、健康档案管理等服务。

企业ACO，是面向会员提供的管理型健康医疗服务，每年每人6000元保费，即可享受健康管理、医疗服务和医疗保障三项服务。

此外就是与第三方检验、体检机构合作推送相关产品，比如早癌筛查、洁牙美白，等等。以及与海外优质医院连接，打造网络会诊中心。

当然，微医的商业体系远远不止这些，而且这条路也需要不断开发。据微医在2016年12月24日对外披露称，2016年微医营收超过12亿元，医、险、药三块主业实现全面盈利。三个板块的营收构成中，医的部分占到大概45%，险的部分大概是35%，剩下的部分是药。并透露，就这三块来讲，利润来自于保险，接下来的战略核心就是放在“健康计划”上。

（四）8家做互联网医院企业的商业模式解析

被选取的企业，具备这样的特征：有的是融资比较频繁；有的是落地互联网医院较多，实操经验丰富；有的是从医药电商转型跨界而来；有的是从医院信息化系统转型；有的是互联网医院处方量最多的……具体而言是微医、丁香园、医联、好大夫在线、七乐康、微脉、卓健科技、航信景联这8家企业，如表5－2所示。

表 5－2 部分做互联网医院企业的商业模式解析表

名称	商业模式	产品类型	合作对象	策略	盈利方式	流量来源	已落地的区域	案例
微医	B2B2C	微医疗、微医保、微医云、微医药	政府机构、医疗机构、药械厂商、保险机构、投资机构、企业	政府—医疗机构—医生—其他合作企业	建设互联网医院的技术方案、线上诊疗的服务合作分成、健康管理包、线下全科中心诊疗收入、大数据应用、人工智能、健康商城、便携式医疗器械、健康险、投资及其他	APP、药诊店、合作实体医院、医生团队、合作的互联网医联体医院、合作的企业端、自建全科中心、地推团队等其他	浙江省、甘肃省、四川省、上海市、宁夏回族自治区、福建省、黑龙江省、安徽省、江苏省、海南省、广东省、山东省、云南省、贵州省	乌镇互联网医院、广州互联网医院、四川微医互联网医院等
丁香园	B2B2C	丁香医生APP	政府机构、医疗机构、药械厂商、保险机构、投资机构、企业	医生—政府—医疗机构—其他合作企业	在线诊疗、健康管理服务包	APP、丁香园各大细分领域的媒体矩阵、品牌医生团队、合作实体医院、合作的互联网医联体医院、合作的企业端、自建丁香全科诊所、微博及短视频、地推团队等	宁夏回族自治区	银川市第一人民医院互联网医院

续表

名称	商业模式	产品类型	合作对象	策略	盈利方式	流量来源	已落地的区域	案例
医联	B2B2C	医联APP	政府机构、医疗机构、药械厂商、保险机构、投资机构、企业	医生—政府—医疗机构—新加入的医生—其他合作企业	建设互联网医院的技术方案、健康险、学术平台、医生教育、患者随访管理、医疗大数据应用、产品整合营销、单病种（丙肝）等	APP、医生团队、合作实体医院、合作的企业端、地推团队及其他	山东省、宁夏回族自治区	银川医联互联网医院、山东医联华方互联网医院
好大夫在线	B2B2C	APP好大夫在线	政府机构、医疗机构、药械厂商、保险机构、投资机构、企业	医生—政府—医疗机构—其他合作企业	远程问诊、诊后管理等在线医疗服务	APP、品牌医生团队、火爆的综艺平台及视频APP、地推团队及其他、合作的医疗机构	宁夏回族自治区	银川智慧互联网医院
七乐康	B2B2C	石榴云医	医疗机构、药械厂商、保险机构、投资机构、企业	医生—医疗机构—其他合作企业	慢病复诊、健康管理、健康管理服务包、单病种付费（肝病）	APP、合作的零售药店、品牌医生团队、合作实体医院、合作的互联网医联体医院、合作的企业端、地推团队等其他	宁夏回族自治区、广东省	广州医科大学第三附属医院荔湾医院

续表

名称	商业模式	产品类型	合作对象	策略	盈利方式	流量来源	已落地的区域	案例
微脉	B2B2C	微脉 APP	政府机构、医疗机构、药械厂商、保险机构、投资机构、企业	政府—医疗机构—医生—其他合作企业	医患增值服务、院内和专科服务运营、建设掌上医院、支付平台等，实体医疗新零售	APP、品牌医生团队、合作实体医院、合作的互联网医联体医院、合作的企业端、地推团队等其他	70 多个城市的地级市，500 家合作医院	金华市中心医院、杭州市妇幼医院
卓健科技	B2B	互联网医院、移动远程医联体、医链 APP、橄榄云等	政府机构、医疗机构、企业	政府—医疗机构—医生—其他合作企业	建设实体医院的互联网医院并通过远程医疗收费	合作实体医院、地推团队等其他	江苏和浙江省偏多、东北、内蒙古、北京、新疆、深圳	浙江大学附属第一医院、北京医院、河南省人民医院、江苏省人民医院
航信景联	B2B2C	医享家 & 南风医生 APP	政府机构、医疗机构、药械厂商、保险机构、投资机构、企业	政府—医疗机构—医生—其他合作企业	慢病管理、远程问诊、药事服务	APP、地推团队等其他、零售药店、合作的实体医院、地推团队等其他	广东省、宁夏回族自治区、江西省	银川市第一人民医院互联网医院

1. **商业模式以 B2B2C[①] 为主**

从选取的这 8 家企业看，他们的商业模式有 7 家是 B2B2C，仅有 1 家是 B2B[②]。

2. **盈利方式：诊疗、慢病、远程、技术提供商**

从盈利方式看，这 8 家企业主要依靠线上诊疗的服务合作分成、健康管理包、慢病复诊、药事服务、大数据应用、医生教育、患者随访管理、健康管理、远程问诊，如图 5－5 所示。

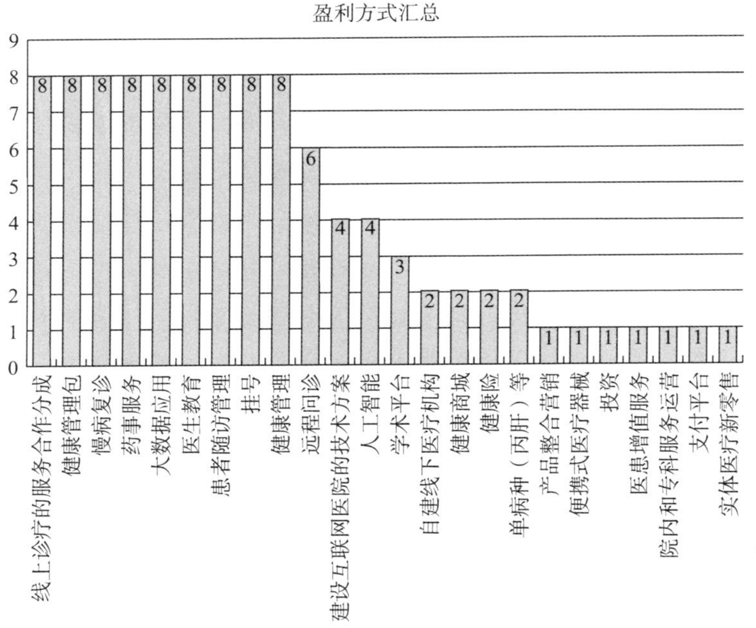

图 5－5　8 家企业盈利方式汇总

① B2B2C：一种电子商务类型的网络购物商业模式，B 是 Business 的简称，C 是 Customer 的简称，第一个 B 指的是商品或服务的供应商，第二个 B 指的是从事电子商务的企业，C 则是表示消费者。

② B2B：Business-to-Business 的缩写，指企业与企业之间通过专用网络或互联网，进行数据信息的交换、传递，开展交易活动的商业模式。

截至 2018 年 12 月，已经实现盈利的产品是依靠单病种付费。以七乐康为例，根据石榴云医最近 6 个月的数据显示：肝胆科和男科已经成功实现盈利。

石榴云医董事长兼 CEO 石振洋表示，“互联网医院要实现盈利，获客成本（获取医生和患者）和合法合规的变现路径至关重要。它不是简单通过规模效应就能实现盈利的互联网思维，我相信我们已经找到了正确的获客路径和打法，接下来我们要继续深入优化运营成本、夯实盈利的基石，将成功模式复制到更多慢病领域。”

总部位于广州的石榴云医互联网医院前身是七乐康互联网医院，自 2015 年从医药电商转型互联网医院就坚持定位在慢病管理。主要通过线下地推的方式发展医生。这在当时以信息提供、用户挂号、轻问诊为主要商业模式的互联网医疗大环境下可以说完全是个异类。

经过三年的探索和坚持，七乐康互联网医院先后在广州、银川落地，发展至今已有数十万医生在平台认证，覆盖全国 31 个省超过 300 个城市，在慢病管理领域累积了丰富的资源。结合前身医药电商的优势，初步构建完成一个完整的“医、患、药、检、险”的闭环，也摸索出一套有效的打法和清晰盈利路径。

2018 年 8 月，七乐康互联网医院正式将互联网医院线上平台“七乐康医生”升级为“石榴云医”，明确定位于“慢病复诊”服务平台，深耕医疗纵深领域，抢占高频慢病复诊患者及优质医生资源，实现高于行业平均水平的高频就诊率和强黏度医患关系，同时对线下地推成本过高，效率低下的瓶颈进行了多种降低成本，提升获客效率的尝试。

石榴云医互联网医院首席运营官焦宇介绍：“医生天然有社交化的圈子，同学圈、科室圈、地区圈、会议圈、培训圈、学派圈……基于圈子再结合我们高度贴合的慢病复诊定位和既有的医、药、患、检、险资源，能帮助我们快速解决医生对平台和业务模式的认知问题。

“所以，从 2018 年 5 月开始针对男科和肝胆科推出了‘星连星计划’，利用独有的复合领域的矩阵连接结构率先尝试医生社群的运营。通过 KOL 种子医生发展社群医生，使用线上招募、社群裂变、线下地推配合的全新模式，取得显著效果。在肝胆科方面，我们通过社群运营对医生开单转化进行优化，最终在 2018 年 8 月实现了单科室盈利。在男科方面，我们仅用了 4 个多月的时间，就实现了全国超过 60% 的男科医生在平台完成注册，6 个月实现盈亏平衡。社群医生月均增长率高达 68%，社群医生留存率高达 99.7%。这一创新运营模式在乙肝科和男科的成果，使我们有信心在不久的将来成功复制到更多慢病科室。”

除了打通核心优质的医生资源，实现盈利的重要一点是互联网医疗最后一公里的优质服务。为营造更多服务场景，为医生和患者提供更多的高附加价值服务，提高用户黏性。石榴云医与连锁药店海王星辰强强联合，与海王星辰全国 74 个城市 2600 多家门店全面合作，携手打造“互联网 + 医疗健康”管理优质服务闭环。

三、互联网医院的流量

（一）互联网医院流量来源

从流量来看，如图5－6所示，上一节中选取的这8家企业的渠道主要有自家APP、药店、合作实体医院、医生团队、合作的互联网医联体医院、合作的企业端、自建诊所或全科中心、地推团队等。

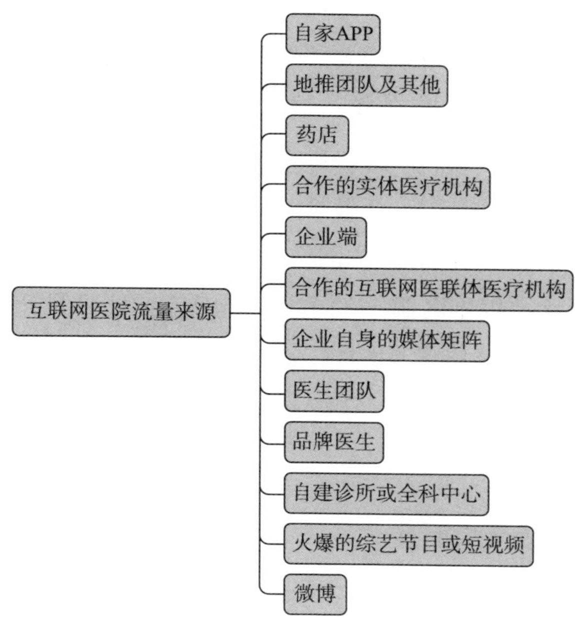

图5－6　互联网医院流量来源示意图

获取这些渠道，自然也是企业的成本。此前，中电健康基金合伙人王晓岑曾表示，搭建互联网医院的 IT 的成本不太高，沟通成本很高，跟医院谈判要取得一个对等的谈判地位，对企业自身的规模、创始人的过往的经历等要求都非常高。所以她并不建议初创企业做互联网医疗。虽然很多企业可以用很多形式去突破，但是这个产生的机会成本和时间成本是相当高，这都无法预计。

并不是每一家企业都能像丁香园那样拥有多个细分领域的媒体矩阵。同时凭借内容吸引流量很苦又需要时间的积淀。

在医疗领域里，B 端流量较大的是三甲医院、具有口碑的品牌医生、社区药店；在 C 端用户较多的是新型的短视频平台和微博、综艺节目等。

所以，企业根据自己的发展模式和具体的阶段，是需要不同的流量渠道的。如果商业模式成熟，需要拓展 C 端用户，那么就需要找用户多的平台，关注度高的平台。比如好大夫在线投资的吐槽大会和爱奇艺；如果需要不断地在全国布点，那么就需要找全国各地知名三甲医院合作，这样对于企业来说，既有品牌效益，又有医生、患者、流量，可谓一举多得。只是如何说服这样的三甲医院和自己合作，是最难的。

在银川的航信景联互联网医院，已经成为在银川签约企业中，在线复诊数据排名第一的企业。根据银川市互联网医疗监管平台显示，截至 2018 年 10 月，每天通过他们平台复诊的慢病患者超过 30230 人，服务超过 2 万高血压和糖尿病患者。

（二） 获取核心流量

想要获取核心流量——精准的患者用户（这里泛指患者本人或者为患者买单的家属，以下统称患者），首先要了解医疗生态的构成和互联网医疗产品的目标用户。

1. 患者

直接切入患者，看似非常直接，但效果却不尽然。这类产品大多为疾病管理，并与医护端相呼应。但没有专职的医护人员或者系统的院外疾病管理团队干预，谈疾病管理无疑纸上谈兵。其实最大的问题还不仅如此，是在于如何获得患者。让医生导流，诊疗场景中，医生让患者扫码添加公众号或者下载APP，那难点已不在患者端了，而是回归到医生资源的获取和医生的配合度。

2. 医护人员

从医护人员切入，诸如问诊咨询、医生工具、护士工具、医生社区、医疗资讯等，这是玩家最多的聚集地。通过医生的痛点切入，获取医生入驻，再让医生引流患者到平台，自然是顺理成章之事。

3. 药械企业

国内知名生命科学领域技术解决方案企业太美医疗科技，就是以SaaS① 模式，帮助药企获取药品上市后扩大临床研究的数据跟踪。这种用药企的钞票补贴参与“调研”的患者的模式，无论数据真实性与有效性如何，毕竟用户的活跃度会非常高，这比单纯的慢病管理模式离盈利近多了。

4. 药械销售人员

这个群体看似和患者很远，但却是最能出其不意震动医疗格局的群体。数百万之众。人数庞大、对医生最为知暖知热、懂得

---

① SaaS：Software-as-a-Service（软件即服务）的简称，是一种通过互联网提供软件的模式，厂商将应用软件统一部署在自己的服务器上，客户可以根据自己实际需求，通过互联网向厂商定购所需的应用软件服务，按定购的服务多少和时间长短向厂商支付费用，并通过互联网获得厂商提供的服务。

医疗常识。任何涉及互联网医疗线下商务拓展，或多或少都需要借助这个群体。但如何整合此资源，并让其变现，绝非一朝一夕之事。

5. **医疗机构**

毫无疑问，医疗机构自然是获取患者用户的绝佳场所。以医院为目标，比如为医院搭建 HIS 系统、预约挂号、远程医疗、为医院搭建 wifi 环境等，尤其前 3 种，都是非常有前景的模式。问题的关键在于——线下商务拓展能力。医疗机构资源有限，谁能先入为主，谁就能形成坚固的商业壁垒。比如挂号网，国内最早一批以挂号切入医院医疗场景的企业，积累了大量医院资源，尤其精准的患者资源。而后创建互联网医院、医生集团平台、互联网手术中心，自然就是水到渠成之事。接连获得数亿元的资本注入也就不足为奇了。

6. **中医养生及康复机构**

随着国内人口老龄化的演进，未来医疗康复会是一个非常有前景和盈利性的广阔领域。基于此类服务的专业性和服务性属性，就不可避免地要经历：护理人员储备与管理、病患资源积累与管理、与医疗机构关系建立与升级（“养”源于“病”，医疗机构会是一个优质的流量输出口）。所以这是一个盈利清晰，想象空间丰富的入口，但形成竞争力需要很多复杂的前期储备，很难一蹴而就。

7. **陪护企业**

医院陪护服务，经历过住院治疗的人，就能深刻理解他存在的重要性。俗话说：三分医疗，七分护理，而住院期间除了医院护士提供的一般性护理，其他诸如翻身拍背等生活护理、住院期间各项检查、取查报告等跑腿事宜不是一般家属所能胜任。所以，针对住院期间的陪护服务需求量巨大，付费购买率在 50% 以上。而全国每年住院人次达2亿以上，按陪护费用人均180元/天，平均5天陪护周期计算，市场规模可达千亿元。这还仅仅是医院内陪护市场，不含上门陪护。用户精准、支付场景明确，再借助平台的力量延伸出其他医疗服务，自然是水到渠成，变现能力可见一斑。

而提供陪护服务的主体是谁呢？90%以上的医院采用的是招标或授权第三方陪护公司来经营，所以想整合住院患者以这些陪护公司切入，是个绝佳的切入点。比如陪护通就是以“SaaS＋订单”模式切入到这些陪护公司，为其降低管理成本，增加上门陪护等额外收益。同时还可为未来的康复医疗大场景积攒“家当”，可谓一石三鸟。

8. 其他

医疗保险与商业保险、体检机构、基因检测等新型辅助医疗，他们所面对的不光只有患者用户，很大比例还是健康人群，离医疗的核心相对稍远。医疗保险完全受限于政策壁垒，不在讨论之列。而其他如基因检测，其中就有针对健康人群的高危因素筛查项目，项目的本身盈利清晰、利润丰厚，但如何获得订单，那是一个传统销售的技术活，一单一单地拿下，很难形成气候。倘若想通过流量来变现，留给互联网医疗企业的机会并不多。除非建立一套有效的机制，做到其中患者后续的疾病跟进工作，才可能顺理成章地转化为其他医疗消费，产生收益。

所以，越是接近患者用户，并有能力整合这些资源，形成精准患者用户流量的平台，就会离变现越近，盈利模式越加清晰。

第六章

互联网医院的模式解析

一、企业主导综合型互联网医院——微医互联网医院

2015 年 12 月 7 日，乌镇互联网医院成立，如图 6－1 所示，在全国率先开启“互联网＋医疗健康”新业态探索。不同于传统医院，它通过互联网广泛连接全国的医生和患者，探索在线处方、在线复诊、远程会诊等医疗服务新模式。经过 3 年多时间的发展，微医互联网医院通过与当地三甲医院合建的方式，已在宁夏、四川、甘肃、陕西、山东、黑龙江、海南 19 个省市落地，其服务范围已经涵盖 30 多个省市。

微医互联网医院发展大事记

2015.12.7 乌镇互联网医院揭牌
2015.12.10 首张电子处方诞生
2016.1.9 首个专病中心--胰腺癌远程会诊中心成立
2016.9 “药诊店”项目推出
2016.11 19家微医互联网医院占据半壁江山
2017.3 微医全科（萧山）在杭州开业
2017.9 四川微医互联网医院率先实现在线医保结算
2017.11.15 微医中医人工智能系统“华佗智能医生”问世
2017.11 家庭医疗服务“微医通”重磅发布
2017.12 全国“互联网健康险平台”发布
2018.2 全国“处方共享平台”发布
2018.11.9 参与创建的三医联动平台“三医联”发布

图 6－1　微医互联网医院发展大事记图

微医互联网医院依托微医集团八年来积累的医疗资源，构建了以微医互联网医院平台为核心，与微医分级诊疗平台、互联网家庭医生签约平台、微医处方共享平台互联互通的多平台集成服务模式，如图 6－2 所示。

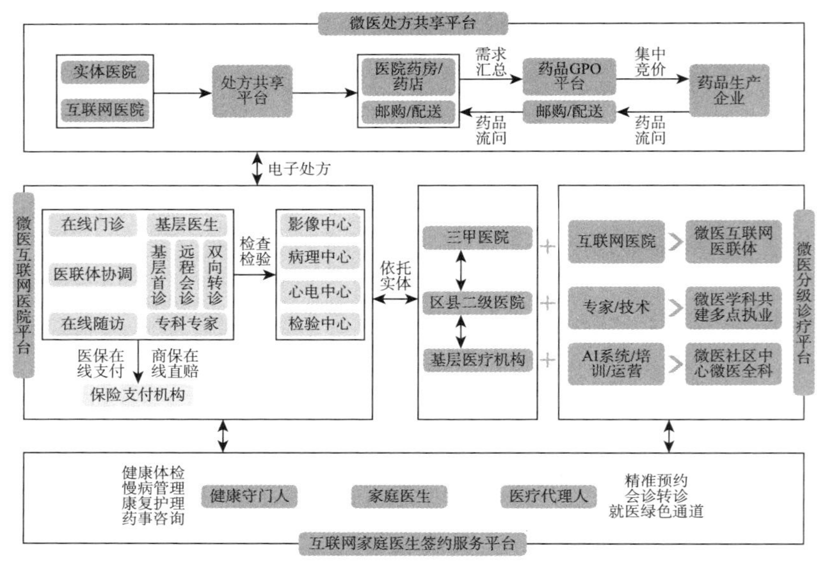

图 6－2　微医互联网医院运营模式图

1. 微医互联网医院平台

微医互联网医院平台开发了在线门诊、远程会诊、双向转诊、医联体协调、在线随访等服务模块，患者可以通过在线门诊进行疾病咨询、在线问诊等。如果在线问诊无法解决治疗需求，可以申请远程会诊，由三甲医院专家和基层医生共同提供疾病治疗服务。通过互联网医院系统为患者提供影像、病理、心电等检查检验服务。在医疗支付环节，2017 年 9 月，四川微医互联网医院正式实现在线医保结算。所有省医保参保患者在线上诊疗完成后，诊疗费用及药品费用可用在线医保抵扣，患者仅需支付抵扣后剩余费用，即可到药店自提药品或等待药品配送到家。

2. 互联网家庭医生签约服务平台

家庭医生作为健康守门人和医疗代理人，为居民提供贴身的医疗健康服务。家庭医生可以借助微医互联网医院平台，为签约居民进行健康咨询、慢病管理、诊后随访等，有利于增强双方的黏性。特别是对于慢病患者的管理，家庭医生可以通过平台实时监督患者服药情况，提高患者的依从性。还可以借助平台的医生、医院资源，为签约居民提供精准预约、会诊转诊和就医绿色通道等服务。

3. **微医处方共享平台**

医生在微医互联网医院平台开具电子处方，通过处方共享平台承接电子处方，并分配至医院药房或药店，由它们完成药品的配送服务，患者可以实现在线看病、在家收药的便利化服务。

4. **微医分级诊疗平台**

微医互联网医院平台通过与三甲医院合作，整合线上线下资源，共同打造微医互联网医联体，为基层医疗机构赋能，将专家的经验和技术传递给基层医生，帮助他们提升医疗服务水平。还可以通过远程医疗等方式让患者愿意留在基层完成疾病治疗，助力国家分级诊疗的落地。

截至 2018 年，共有 43 家微医互联网医院落地运营，如表 6－1所示，累计服务患者人次数超过 7 亿人次，日均问诊量超过 6 万人次。微医集团链接的 2700 多家实体医院，7500 多个专家团队，26 万多名注册医生都可为互联网医院提供强大的医疗资源支撑。

表 6－1　微医互联网医院及互联网医联体清单

落地省市	对应互联网医院名称	合作共建方/签约方
浙江	乌镇互联网医院	桐乡市人民政府
上海	上海儿童互联网医院	上海市儿童医院
	复旦大学附属华山医院空中医院	复旦大学附属华山医院

续表

落地省市	对应互联网医院名称	合作共建方/签约方
山东	青岛眼科互联网医院	青岛眼科医院
	济南妇幼互联网医院	济南市妇幼保健院
	泰山互联网医院	泰安市人民政府
	青岛大学附属医院互联网医院	青岛大学附属医院
	山东省立三院互联网医院	山东省立第三医院
	临淄区互联网医院	淄博市临淄区人民医院
湖南	湖南儿科互联网医院	湖南省儿童医院
四川	四川微医互联网医院	四川省第四人民医院
	德阳人民医院“互联网＋医联体”	德阳市人民医院
	平昌县互联网医院	平昌县第二人民医院
广东	广州互联网医院	广州市人民政府
	广中医联体	广东省中医院
	南方医联体	南方医科大学南方医院
	深圳互联网医院	深圳市人民政府
	珠海市互联网医院	珠海市人民医院
	广东省妇儿健康互联网医院	广东省妇幼保健院
	南方医科大学深圳医院互联网医院	南方医科大学深圳医院
	阳江市互联网医联体	阳江市人民医院
海南	海口互联网医院	海南医学院第一附属医院
广西	广西壮族自治区互联网医院	广西壮族自治区人民医院
福建	龙岩互联网医院	龙岩市新罗区人民政府
甘肃	甘肃省互联网医院	甘肃省第二人民医院

续表

落地省市	对应互联网医院名称	合作共建方/签约方
河南	河南互联网医院	元明资本、天明资本、康泰医疗
	光山县互联网医院	光山县人民政府
	郏县互联网医联体	郏县中医院
	邓州市互联网医院	邓州市人民政府、邓州市卫计委、邓州市人民医院
宁夏	宁夏互联网医院	宁夏医科大学总医院
	石嘴山互联网医联体	石嘴山第二人民医院
黑龙江	黑龙江省互联网医院	黑龙江省卫生计生委
江苏	南京市第一医院互联网医院	南京市第一医院
安徽	合肥市互联网医院	合肥市第一人民医院
	安徽医科大学第一附属医院互联网医联体	安徽医科大学第一附属医院
云南	云南互联网医疗昆华协作医院	云南省第一人民医院（昆华医院）
贵州	贵州微医互联网医院	贵州市人民政府
陕西	陕西省中医互联网医联体	陕西省中医医院
	华阴市人民医院医联体	华阴市人民医院
	西电集团医院互联网医联体	西电集团医院
	森工医院医联体	陕西省森林工业职工医院
湖北	罗田县万密斋医院微医互联网医联体	罗田县万密斋医院
	武汉市黄陂区人民医院微医互联网健联体	武汉市黄陂区人民医院

二、公立医院主导综合型互联网医院——浙大附一互联网医院

医疗资源的分布不均导致医疗服务能力存在较大的地区差异，就拿浙江省来说，杭州聚集了浙江省70%的三甲医院，杭州市民获得了优质的医疗服务，而浙江其他市县居民却无法享受优质医疗的便利性。浙一互联网医院的成立，能够打破医疗服务的空间限制，为浙江其他市县甚者外省患者提供互联网医疗相关服务。

2016年2月16日，浙大一院联合杭州卓健科技共同建设的“浙一互联网医院”正式上线，成为国内首个公立三甲医院线上院区。卓健科技作为国内领先的互联网医疗解决方案服务商，已先后为30多家医院或医疗主管部门提供互联网医疗相关解决方案。而浙大一院长期注重对于互联网医疗的建设，2003年以来，主持国家数字化医疗、远程医疗应用、互联网医疗方面重大课题，课题经费逾1.2亿元，建立了庞大的医疗信息资源库和雄厚的远程医疗应用实力，拥有大量诊治技术和远程医疗技术，为远程、数字化医疗能力辐射全省提供了良好支撑。此次浙一互联网医院正是在前期基础上进行的创新，构建了“四大技术平台＋八大服务体系”的运营模式。

（一） 四大技术平台

1. 设计与研发

主要功能是提供互联网医疗服务的相关技术标准和规范，包括流程设计及标准、网络安全与规范、网络医疗大数据分析与管理技术、数据与隐私保护等。

2. 医疗服务与管理

主要是提供互联网医疗相关的服务内容范围、服务资格及评价标准，包括互联网医疗服务范围、互联网医疗资格准入、互联网医疗诊疗规范、互联网医疗质量评价体系等。

3. 物流配送

主要是提供药事相关服务，包括互联网医疗药物审方平台构建、药品物流配送平台构建、远程药学服务等内容。

4. 法律与公共关系

主要是提供互联网医疗法规政策相关指导，包括合规性研究、患者安全保障体系构建、网络与实体医疗的比较研究等。

（二） 八大服务体系

1. 网络诊间

提供涵盖15个专科门诊、汇集数百位知名专家的网络问诊服务，患者足不出户，就可以通过视频或图文与专家进行问诊咨询。

2. 国际病理会诊中心

针对部分疑难重症患者，提供国际病理会诊服务，由患者向互联网医院运营中心提出申请，工作人员审核通过后，安排会诊专家和时间，由浙大一院和国际专家共同完成病理会诊，并由国内负责医生出具最终诊断意见。

3. 国际影像会诊中心

与国际病理会诊中心运作模式相似，由患者申请，运营中心负责协调影像会诊协调工作，由浙大一院专家和国际专家共同完成会诊。

4. 处方审核和药物治疗管理中心

借助云技术和网络实现区域电子处方审核和不合理用药监管和预警，保障用药合理性。同时，通过药物治疗管理平台，实现对个体患者的用药评估和用药整合和指导，保障个体患者的用药安全。

5. 慢病管理中心

通过慢病管理中心系统对登记的慢病患者进行分类管理，提供用药指导和康复情况动态跟踪，实现慢病随访全过程管理，家庭医院互联互通。

6. 老年健康管理中心

医疗保健群搭建老年共病健康科普社区，通过线上共同交流，助力老年健康管理。并通过为老年患者提供日常生活能力、吞咽功能、跌倒风险的综合评估服务，动态监测他们的健康状况。同时还为患病老人提供远程会诊、双向转诊等服务。

7. 护理学院

通过提供孕妇、伤口造口、肾病等专科培训，护士成长教育、患者宣教、远程技术指导等教学服务，全面提升护理技能和全程呵护患者健康。

8. 个人档案

个人档案包括患者个人资料、门诊、处方、检验检查、住院等各方面记录，实现患者的全面在线管理。

浙一互联网医院上线近 3 年时间，在网络门诊、国际病理/影像、处方审核、慢病管理等方面取得了不少的成就。

浙一互联网医院就诊患者人次数累计超过 40000 人次，患者最大年龄 93 岁，最小年龄 4 岁。同时，它为患者提供病理及影像会诊超过 2100 例，在线审方 1800 多张，提供用药指导 600 多次。特别是在分级诊疗方面，已与省内外 200 多家市县级医院、300 多个社区服务中心和 60 多家药店等进远程协作，如图 6－3 所示，落实国家分级诊疗政策。

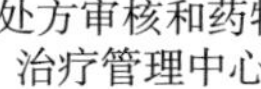

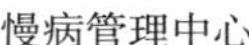

图 6－3　浙一互联网医院运营成效图

三、信息化企业运营综合性互联网医院——39互联网医院

县市医院医生的医疗服务能力不足，面对疑难重症患者往往有心无力。而且当地患者对医生缺乏信任感，想要获得大医院专家的诊疗服务，必须长途跋涉到大城市的三甲医院就诊，专家号源一票难求。远程医疗可以有效地解决上述难题，大型三甲医院专家通过远程会诊平台，与县市医生一起为患者提供诊疗服务，既达到了疾病治疗效果，又将患者留在了基层，落实了国家分级诊疗政策。

2016 年 6 月，上市公司朗玛信息依托贵阳市第六人民医院打造 39 互联网医院，面向疑难重症患者的远程会诊平台，如图 6 - 4 所示。作为朗玛信息在互联网医疗布局的核心成员，39 互联网医院承袭了母公司在技术、医生、运营商方面等众多优质资源，成为第一个从疑难重症会诊切入的互联网医院，是国内首次提出“医医会诊”模式的平台。

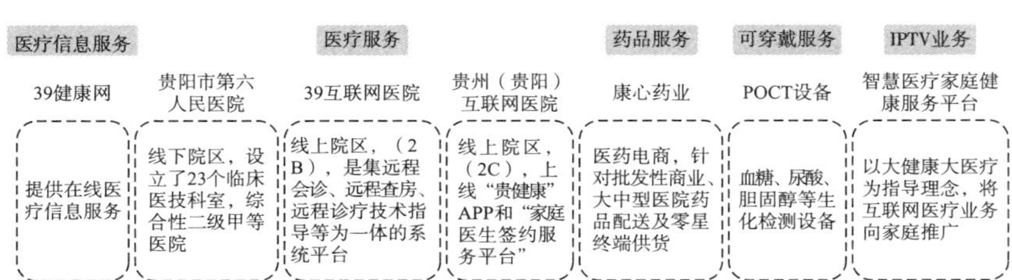

图 6 - 4　朗玛信息互联网医疗的商业模式图

朗玛信息围绕着“用户入口、大数据分析、医疗资源”三要素，互联网医疗布局覆盖“医+药+管”三环节。在医疗服务方面，39健康网提供优质的在线医疗信息服务，致力于成为“医药健康行业首选内容营销平台”。构建“39互联网医院、贵州（贵阳）互联网医院、贵阳市第六人民医院”线上线下医院服务体系，提供远程会诊、远程查房、远程医疗技术等线上医疗服务，同时也提供包括23个临床医技科室的线下医疗服务。在药品服务方面，依托康心药业打造电商品牌，在针对零星终端供货的同时，与它们建立了长期合作关系，可以为电子处方提供药品服务。在健康管理方面，自主研发生产POCT生化检测设备，成为采集用户数据的入口。同时，与电信、广电网络等公司合作，通过IPTV业务连接家庭终端，传播健康管理资讯和推广医疗业务。

据了解，39互联网医院已与近300家医疗机构达成合作，签约来自协和、北大、301等超过50所知名医院的千余名专家级别医生，建立了以北京大学第一医院心内科主任霍勇教授为首的专家医疗团队。注册用户累计超过100万，日问诊量最高达到6000人次，会诊按时完成率高达96.5%。

四、医生社区综合性互联网医院——银川丁香互联网医院

2017 年 3 月 19 日，丁香园首家互联网医院落户银川，成为丁香园布局 C 端领域的重要一步，核心产品丁香医生也从在线咨询的轻问诊正式升级到为用户提供在线诊疗服务。互联网医院的成立也标志着创始人李天天“信息（information）—交流（communication）—互动（engagement）的 ICE 模式”逐步实现。

互联网医院构建了“线上 + 线下”互联互通的业务体系，如图 6 – 5 所示，除了早期分诊导诊、在线问诊等轻问诊业务外，通过与全国三甲医院和社区医院合作，增加了远程会诊业务。同时，为了更好地为患者提供药事服务，丁香园与多个连锁药店建立合作关系，在线完成医生开方、药师审方后，连锁药店承接电子处方，完成配药、送药服务。另外，互联网医院也涉足健康管理业务，提供在线科普宣传、患者教育、健康咨询等。

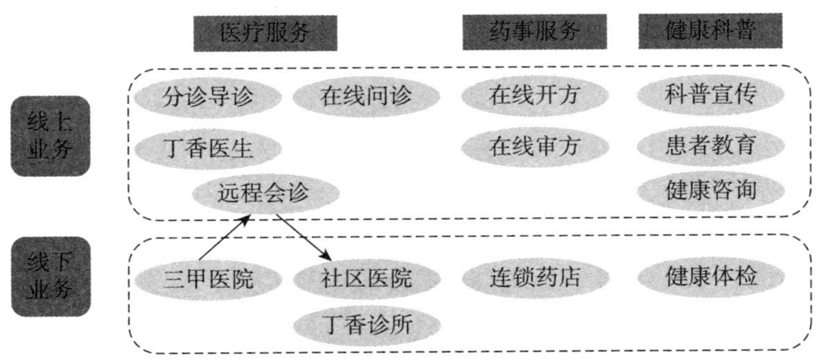

图 6 – 5 “线上线下”的互联网医院业务体系示意图

银川丁香互联网医院的建成为丁香园带来重大变化：

（1）由轻问诊向诊疗核心环节升级。

以前平台上多为健康咨询、疾病询问等轻问诊业务，没有触及医疗的核心环节。互联网医院的成立，推出在线问诊、远程会诊业务，更能够挖掘医疗服务的核心价值。

（2）形成“线上+线下”的互联互通医疗服务。

线上诊疗必须依托线下实体医疗机构，电子处方也必须依托线下药店才能完成药品供应。互联网医院通过依托丁香诊所、社区医院建立会诊场所，实现远程会诊；通过连锁药房，承接电子处方，完成药品配送，切实解决患者的医疗诉求。

（3）健康科普的价值越来越大。

健康管理已经被提上国家战略层面，医疗服务逐步由“疾病治疗”向“疾病预防”转变，这意味着健康科普业务所扮演的角色将会越来越重要，如何更好地引导患者做好健康管理也将成为互联网医院未来的发展重点。

到2018年，丁香园互联网医院的注册医生数量已经达到5万人，其中主任医师占比超过60%。累计服务患者超过5000万人次，付费问诊患者达到700万人次。

五、慢病专科互联网医院——石榴云医

慢病病程长、发病率高、需长年用药，长期跟踪管理，传统的慢病治疗过程中，患者去医院就诊拿药后，医疗服务基本就结束了，对于后期的用药监测和康复随访无法顾及。这可能会导致慢病向急重病转化，甚至出现患者死亡的情况。慢病管理互联网医疗平台可以强化医患关系，形成一对一的长周期管理模式，在慢病患者完成初诊后，通过平台进行复诊和诊后管理，有利于提升患者用药依从性，改善慢病治疗情况。

2018 年 8 月 18 日，七乐康互联网医院宣布将品牌升级为石榴云医，致力于打造业内唯一“医、药、患、检、险”闭环的慢病复诊互联网医疗服务平台。医生和患者的关系是一对一的强关系，由于诊疗周期长，需要在平台上进行复诊、开药等行为，医生对平台的黏性也相对稳定和牢固。

一方面，医生可以通过电子病历系统调取患者病历资料，为复诊提供依据。使用远程诊疗系统进行医患沟通、在线复诊，并给出诊疗方案。同时使用电子处方与在线医嘱系统进行在线开方，并提交在线药师进行审核。而且可以对患者的用药情况进行实时跟踪，确保患者能够正确用药。另一方面，患者通过平台完成咨询预约、在线问诊、药品购买、在线支付等服务，既享受到了专家的诊疗服务，又节约了诊疗时间。而且，平台通过电子健康档案系统，能够为每一位在平台注册的患者建立健康档案，持续为患者提供健康管理服务。

石榴云医和深圳市海王星辰医药有限公司、成都倍特药业有限公司实现合作，提升药事服务能力。与北京惠每科技有限公司合作，惠每临床决策支持系统能够帮助石榴云医平台上的医生提高诊疗效率。2017 年，平台注册医师人数超过 40 万人，问诊人次达到千万级，2017 年全年处方量突破百万张。

六、精神心理专科互联网医院——暖心壹疗互联网医院

从精神心理服务需求看，我国精神心理服务需求人群达近2亿人，但仅有不到10%人进入医疗服务环节，病人因为治疗中断导致复发、难治愈的比率也高达40%以上。另外，病人呈现“三高”（高收入、高知、高压力）特点，这些高净值人群要求更专业化、更隐私化、就诊方式和时间更灵活化的心理治疗服务。而从精神心理服务供给看，我国精神心理专业医生仅有不到3万名，按每10万人配比严重低于日本、新加坡、欧美等发达国家，甚至在发展中国家也处于偏低水平。而且优质的精神卫生服务资源多集中在省市级地区，很多区县甚至没有专业的精神卫生服务机构。精神心理专科互联网医院，可以通过远程会诊，赋能区县医生，提高诊疗水平，让患者在基层就能享受到高质量的医疗服务。同时，通过在线复诊，可以对患者后期康复情况进行评估，调整治疗方案，减少到医院复诊的麻烦，提高隐私性和便利性。

暖心壹疗在2017年贵州省第二人民医院合作建立精神心理专科互联网医院项目，连接专家和患者端，给精神心理疾病患者带来优质的医疗服务。

暖心壹疗围绕精神心理疾病领域布局“医+药+检+险”全产业链服务闭环，在“医”方面，通过SaaS服务为省、市级精神心理专科医院搭建互联网医院解决方案，患者可以不到医院就能预约主诊医生进行远程复诊、享受药品配送到家等服务。

在“药”方面，搭建了精神科云药房体系，在远程复诊业务中，医生为患者开具处方后，患者可在手机端通过电子处方购买相关药品，药品邮寄到家。

在“检”方面，开发心理 CT 系统，嵌入于各互联网医院 APP 及各大基层服务终端。通过政府购买或个人购买方式，为广大群众提供心理评估、心理健康教育、心理热线、心理专家咨询、上级机构就医绿色通道等服务。

在“险”方面，一是作为保险增值服务为投保客户提供个性化增值服务，如在投保客户发生重大事故时，提供危机干预服务等；二是将心理疾病作为防范风险，为健康人群开展个性化定制型心理疾病防范保险，如为孕产妇提供产后抑郁保险，为儿童开展孤独症保险等。暖心壹疗的收入主要来自于互联网医院解决方案的服务费和为企事业单位提供心理健康评估、咨询的服务费。同时，与国内大型药品供应商和保险服务商洽谈合作，扩大营收来源。

暖心壹疗非常注重医疗服务质量和安全的把控，从诊前、诊中和诊后主要环节进行全方位、规范化管理。

2017 年年底，暖心壹疗已与包括贵州省第二人民医院、天津市安定医院、自贡市第五人民医院在内的数十家医院达成合作，已累计服务院后患者 3 万余人次。

七、单病种专科互联网医院——医联互联网医院

医联在2018年年初开始涉足单病种互联网医院，在2018年6月完成了由中投中财领投，红杉资本中国基金、中电健康产业基金、华兴新经济基金等跟投的10亿元D轮融资，跻身独角兽行列。

在深度钻研单病种的互联网医院服务上，医联更多地选择合作的方式来打造产业链的闭环，在2017年10月，医联与在肝病药物方面领先的生物制药公司吉利德中国达成合作，探索针对丙肝患者为中心的整体医疗解决方案。

以肝病中的丙肝作为切入点，聚拢了国内近17000名肝病科医生，以患者为中心，利用互联网技术优势打造方便医患实时沟通的复诊、随诊等互联网医院管理系统，逐步打通“医、药、患”闭环，服务千万丙肝患者。

吃透并扎实做好每一个病种的慢病管理，让医生提升效能，让患者切实受益，这是医联布局互联网医院业务的主要特点。

在医生服务领域，医联在2018年不断打磨产品以期提升医生平台的用户体验，集专业性与趣味性的学术内容以及视频栏目持续推陈出新、医生个人品牌的持续打造、专属于医生群体的知识竞答游戏“天使答人”、医生版“无秘”社区“时空”等都大受医生用户的推崇。通过精细化的运营，医联医生平台的用户数稳步提升，截至目前，平台已经汇聚了55万名实名认证医生，其中

包含了 2.7 万名签约医生。

以医生平台作为创业起点，医联一直围绕着“医、药、患”等产业链上的核心环节来进行业务布局。

2018 年，得益于国家政策春风，互联网医院等业态有了比较明确的管理办法，以单病种切入的互联网医院模式，将是医联未来的重要发展方向。医联创始人兼 CEO 王仕锐表示，医联在未来将继续完善在医疗领域的多元化布局，立足医生平台的同时发力互联网医院业务，通过整合医生、制药企业、医疗机构、药店等医疗资源，创造更多的社会价值与商业价值，惠医惠民。

八、平台型互联网医院——桃子互联网医院

桃子健康于2016年开始布局互联网医院项目，互联网医院于2017年5月上线。

桃子互联网医院以服务B端为目标，打造开放式平台，接入各方医疗资源，共同服务医联体内部医院。

桃子互联网医院业务重点在为各医疗机构之间必要的协同搭建桥梁，促进医联体与医联体之间精准发起的远程会诊，实现资源共享和技术协作。提供包括医联体数据平台、远程问诊、远程会诊、云转诊、电子病历、支付结算等系统与硬件设备，保障远程医疗、转诊需求，建立区域医疗资源共享，将医疗能力贯穿在各个区域的医疗机构内。

目前，桃子互联网医院主要包含四条业务线：云转诊、慢病管理、医养结合、风湿骨病专科，业务拓展对象多为民营医院，桃子互联网医院通过为他们提供增值服务，增强患者黏性，从而实现共赢。

第七章

美好未来与后起之秀

一、互联网医院将迎来风口

互联网医院的发展是社会需求、技术创新、政策推动等多重因素共同作用的结果，国家为互联网医院的申请、建设、运营、在线医师的医疗服务评价等各个方面都做出了详细的规定和指导，互联网医院将揭开全新的发展篇章。未来，互联网医院或将迎来风口，慢病管理、健康管理将成为互联网医院的发展重点，互联网医院也会成为医药服务商的新流量入口。

黎明是注定会来的，互联网医院已被正名，监管细则正在完善，目前处在短暂的真空期，正是场内场外各家医院/企业打磨模式，形成经验的好时间，行动正当时。

（一）互联网医院迎来第三波建设大潮

动脉网蛋壳研究院通过对近几年来互联网医院企业注册信息的整理分析，我们发现，互联网医院的建设经历过两波高潮，而第三波高潮将在 2019 年下半年出现，如图 7－1 所示。

银川作为国家互联网医院建设试点，在 2017 年 4 月前，先后出台了《关于印发银川互联网医院管理工作制度的通知》《银川互联网医院管理办法（试行）》《银川市互联网医院管理办法实施细则（试行）》《互联网医院职业医师准入及评级制度》等数个文件，为银川成为互联网医院建设基地提供政策保障。到 2017 年 3 月 19 日，银川市政府与好大夫、丁香园、北大医信、春雨医

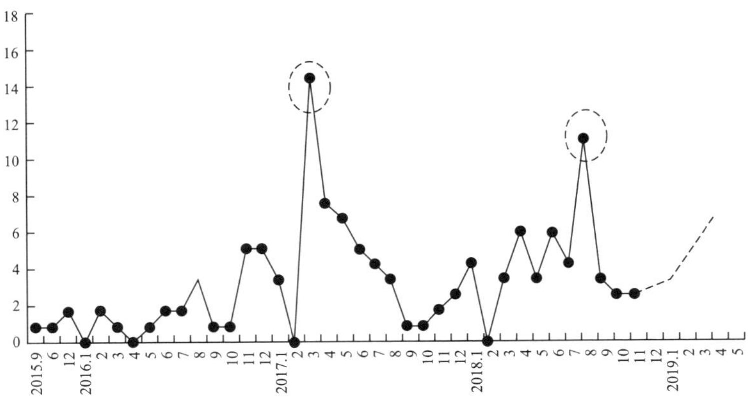

图 7－1　互联网医院第三波建设潮示意图

生、医联等 15 家互联网医疗企业集中签约，15 家互联网医院集体入驻银川智慧互联网医院基地，轰动了整个行业，出现了第一波建设高潮。

2018 年 4 月 26 日，《国务院办公厅关于促进“互联网＋医疗健康”发展的意见》正式对外发布，鼓励支持互联网医院的发展，行业终于迎来“定音锤”，随后就迎来了互联网医院第二波建设高潮。我们相信，随着 2018 年 9 月 14 日，《互联网诊疗管理办法（试行）》《互联网医院管理办法（试行）》《远程医疗服务管理规范（试行）》等 3 个文件的下发，互联网医院的建设已经进入规范化的发展阶段，为行业进入者提供了详细的建设标准和运营规范，2019 年上半年将是各地补足互联网医院监管细则，完善省级监管平台的真空时期，下半年将迎来第三波互联网医院建设高潮。

（二）“互联网＋慢病管理”成为蓝海市场

根据国家卫健委公布的相关数据显示，近年来我国卫生总费用呈快速增长趋势，由 2010 年的 19980 亿元上升至 2017 年的

52598亿元，2010－2017年，复合增长率高达15%。其中慢病支出占卫生总费用的70%左右，如果未来能够将其中10%转化为慢病管理费用，则市场规模将接近4000亿元，发展潜力巨大。

慢病具有长期性、易复发等特点，医生需要与患者建立长期的沟通关系，在诊后管理中，医生要随时关注慢病患者对医嘱的执行情况，患者执行过程困难或不执行，医生需要主动给予帮助或劝解，以期患者能够控制好病情直到康复。“互联网＋慢病管理”中心将有利于增强医生与患者的关联性，提高慢病患者的依从性管理，如图7－2所示。

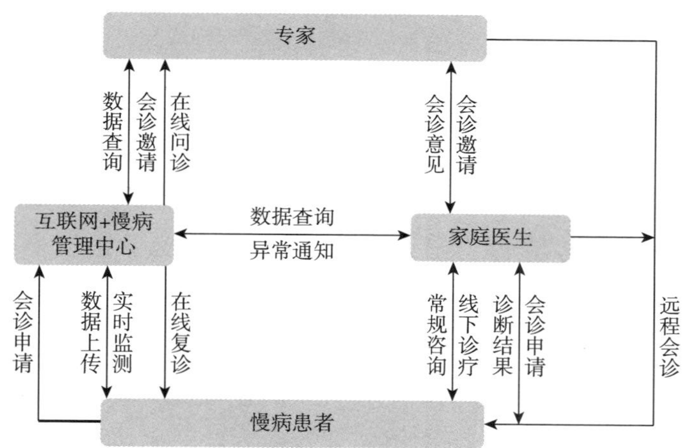

图7－2 以患者为中心的多方慢病管理模式图

未来，互联网医院将建立“以患者为中心的多方慢病管理模式”。“互联网＋慢病管理”中心通过可穿戴设备采集患者数据并对患者进行动态监测，一旦发现异常情况，将第一时间通知签约的家庭医生，家庭医生为患者提供诊疗服务。患者可以通过平台进行在线问诊，专家可以在平台查询患者体征、用药等数据，提高在线复诊的准确性。另外，患者根据自身病情，可以申请远程会诊，由专家和家庭医生共同提供会诊服务。

（三） 健康管理成为互联网医院的未来模式

2016 年 10 月 25 日，国家颁布了《“健康中国 2030” 规划纲要》，倡导从以医疗为中心转为以健康为中心。以健康为中心即是对个人健康进行全方位、全周期的管理，全方位是指除了医疗外，还包括个人的饮食、运动、睡眠、精神状态等各方面的监测管理；全周期是指围绕个人的生命成长阶段，自始至终地关注他的健康变化，根据健康状态随时提出改善建议，如图 7－3 所示。

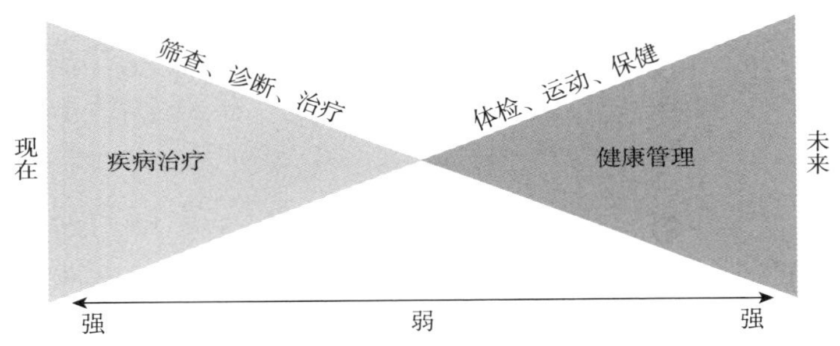

图 7－3 健康管理成为互联网医院的未来模式图

互联网医疗的优势就在于其强大的连接能力，能够打破行业壁垒，实现优质资源的跨界融合，互联网医院能够打通“医—药—险”三大领域，通过家庭医生服务实现医疗服务前置，为患者提供日常身体监测、生活作息管理、疾病防治指导等，真正实现治未病的目标。

（四） 互联网医院成为医药商业领域下一个重要处方源

处方外流是近年医药行业热点议题，即原来在医院完成就诊、开具处方、获得药品，现在不再限制处方自由流动，药品由社会药店提供，就诊和药品分离。处方外流产生的原因是“破除以药养医”机制，让医院回归医疗本质，弱化对处方的“独占性”。药品零加成打破医院与药品的利益绑定，政策持续助推处方外流，如禁止医院限制处方外流，患者可自主选择在医院门诊药房或凭处方到零售药店购药；试行零售药店分级管理，鼓励连锁药店发展，探索医疗机构处方信息、医保结算信息与药品零售消费信息互联互通、实时共享等。

处方外流目前尚待突破的地方在于处方来源、药品供应保障和药事服务能力、医保支持等。拆解来看，药品零加成、药占比严格控制之下，门诊药房成为医院的成本中心，医院有动力将部分药品供应外延。对医院而言，处方外配可以为医生的治疗方案提供更多的药品选择而不必囿于药占比和总额控制；医药分开之后，医生可专注诊疗，药师可提升专业药事服务水平，为医院延伸患者服务，增强持续服务患者的能力。

对于零售药店或医药电商而言，承接处方外流不仅能使其处方药物销售合法合规，打造专业药房，药师服务水平提升。而且会带动患者流量增加，提升销售额并在市场中占据有利位置。

在医保占据主要支付地位的情况下，保证外配处方的真实、合规、准确决定了医保是否会支持这一模式，如果是互联网医院处方，则可能存在医生属地管理、处方属地管理等问题，不利于统筹规划。而处方共享平台模式基本服务于本地，不仅便于监管，药店等承接方的医保资质也成为公信力的重要保证。

处方共享平台也在“赋能”监管，一些公司在平台引入了区块链技术，保证外配处方可追溯、不可篡改。处方外流的大势所趋下，第三方处方共享平台的建设有助于现有医院药品市场格局的重构，也将激活院外药品市场千亿增量。

在电子处方试点方面，西安、广东、重庆等陆续发布试点政策，在零售药店试行凭电子处方销售处方药。

处方审核流转平台成为互联网医院业务体系的重要组成部分，将在线医师开具的电子处方经过药师审核且在患者同意的前提下，向医药电商或实体药房流转，最后由它们完成药品的配送，患者可以享受送药上门服务，从而实现“医+药”的闭环服务。因此，互联网医院将成为医药服务商的新流量入口，如图7－4所示。

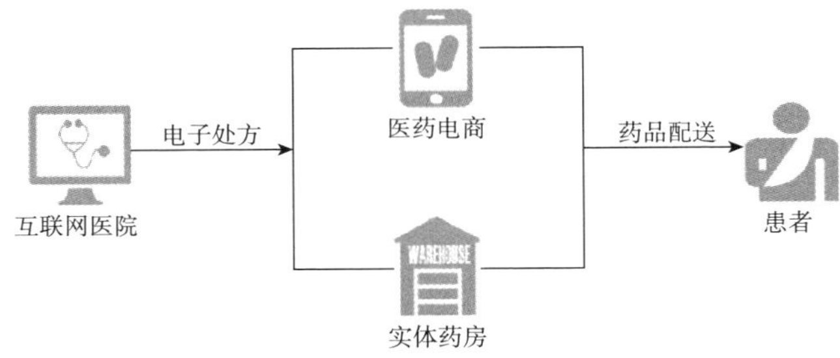

图7－4　互联网医院为医药服务商注入新流量图

（五）互联网医院建设将提升数据应用的智能化水平

早在2014年，国家卫计委就制定了“46312”工程，即建设国家级、省级、地级市、县级4级卫生信息平台，依托于电子健康档案和电子病历，支撑公共卫生、医疗服务、医疗保障、药品管理、计划生育、综合管理等6项业务应用，构建电子监控档案数据库、电子病历数据库、全员人口个案数据库3个数据库，建立一个安全的卫生网络，加强卫生标准体系和安全体系建设。

2018年9月，国家卫健委印发了《国家健康医疗大数据标准、安全和服务管理办法（试行）》，对医疗健康大数据行业从规范管理和开发利用的角度出发进行规范，从医疗大数据标准、医疗大数据安全、医疗大数据服务、医疗大数据监督四个方面提出指导意见。而互联网医院要求诊疗过程全程留痕，必然会沉淀大量与诊疗相关的数据，包括患者病历数据、问诊数据、检查检验数据、治疗方案数据、处方数据等。那么，做好数据的管理自然就成为互联网医院建设的重点，如图 7－5 所示。

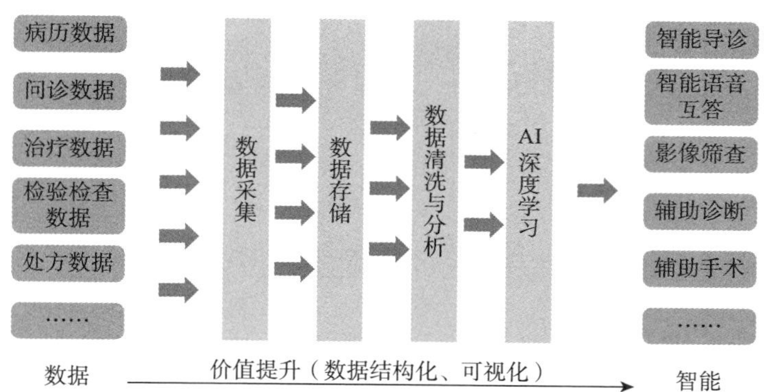

图 7－5　数据的智能化提升成为互联网医院建设重点示意图

做好数据的管理，即是在保证数据安全的前提下将数据的价值最大化。通过对相关数据的采集、存储、清洗与分析，实现数据的结构化、可视化，为 AI 进行深度学习奠定基础。提升数据价值的关键在于如何将 AI 运营到互联网医疗服务的各个环节，需要将 AI 技术与医疗服务场景进行深度融合，实现智能导诊、智能语音互答、AI 医学影像筛查、AI 辅助诊断、AI 辅助手术等，最终实现数据化向智能化的价值提升。

二、互联网医院企业的投融资分析

（一）互联网医院是上升期企业的选择

动脉网蛋壳研究院整理了业务范围包含互联网医院建设的企业融资情况，共计 33 家。其中，微医高居榜首，在 2018 年 5 月完成 5 亿美元的 PreIPO 融资，累计融资额已经超过 70 亿元人民币，如表 7－1 所示。

表 7－1　互联网医院建设企业融资情况列表

序号	企业名称	成立时间	涉足互联网医院时间	当前融资轮次	累计融资额（万人民币）
1	微医	2010	2015	PreIPO	704500
2	健客	2007	2017	B 轮	192900
3	医联 Medlinker	2014	2017	D 轮	167900
4	东软熙康	2011	2015	B 轮	161200
5	春雨医生	2011	2017	未公开	157200
6	零氪科技	2014	2018	D 轮	100000
7	好大夫在线	2006	2016	D 轮	63700
8	妙手医生	2015	2017	C 轮	50000
9	寻医问药	2007	2016	战略投资	41300
10	健康 160	2005	2017	新三板	32200
11	七乐康	2010	2017	战略投资	30000
12	小鹿医馆	2015	2016	B + 轮	30000

续表

序号	企业名称	成立时间	涉足互联网医院时间	当前融资轮次	累计融资额（万人民币）
13	叮当快药	2014	2017	B 轮	30000
14	唯医	2013	2017	A + 轮	26000
15	杏仁医生	2013	2017	B 轮	23400
16	杏树林	2011	2018	C 轮	22000
17	安心医生	2015	2017	B 轮	20000
18	卓健科技	2011	2016	B 轮	19000
19	金蝶医疗	1997	2017	A + 轮	10000
20	桃谷科技	2015	2017	A 轮	6500
21	39 互联网医院	2016	2016	天使轮	5000
22	小苹果儿科医生	2014	2017	B 轮	5000
23	好心情	2016	2017	天使轮	5000
24	康康血压	2011	2016	A + 轮	3000
25	康知皮肤医生	2013	2017	天使轮	1000
26	快问中医	2015	2017	PreA 轮	1000
27	阿里健康	2015	2017	上市	
28	111 集团	2015	2016	上市	
29	平安好医生	2014	2016	上市	
30	东华软件	2001	2017	上市	
31	腾讯	2000	2017	上市	
32	京东	2007	2017	上市	
33	同仁堂	1997	2018	上市	

我们根据企业的融资情况，将从企业成立时间、涉足互联网医院业务时间、融资金额分布、融资轮次分布、互联网医院上线前后融资情况对比等方面进行分析。

从公司成立时间可以看出，如图 7 – 6 所示，涉足互联网医院业务的企业大部分都在 2011 年以后才成立，其中 2014 – 2015 年成立的企业数量最多，占比多达 36%，仅 2015 年成立的数量就多达7家。

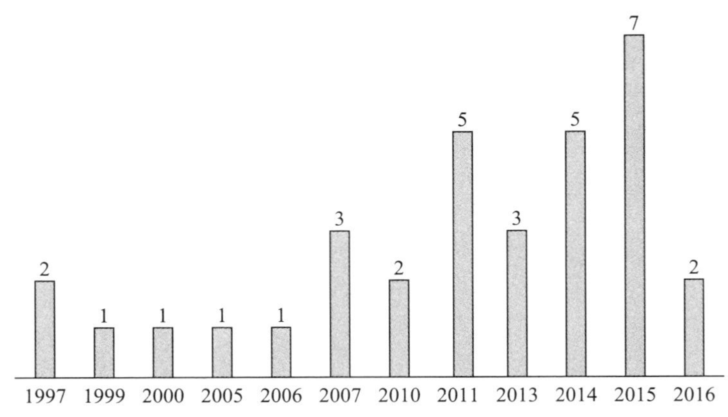

图7－6　36％的企业成立时间图

2015年，互联网医院建设风口初现，2017年，上线了20家互联网医院，占比达到61％。有13家企业在成立3年以内就涉足互联网医院，占比达39％。从企业融资轮次分布看，如图7－7、图7－8所示，处于B轮和上市阶段的企业数量最多。

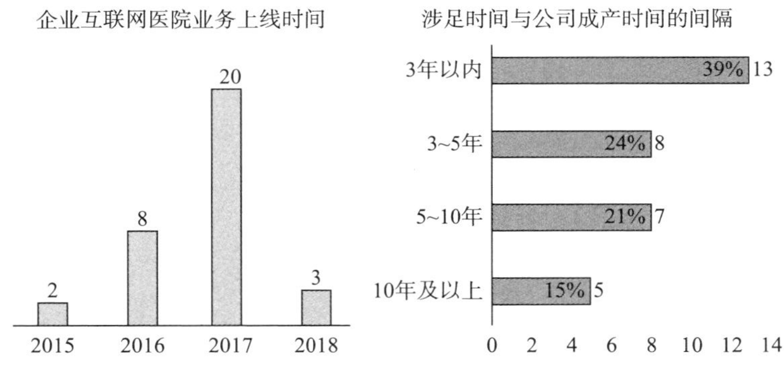

图7－7　39％的企业在成立3年内涉足互联网医院

已有7家上市公司是直接（或间接）主导互联网医院的建设运营。如阿里健康网络医院（阿里健康）、西南平安互联网医院（平安好医生）、银川京东互联网医院（京东）、西南互联网医院

（111集团）、贵州（贵阳）互联网医院（朗玛信息）、柳州市工人医院互联网医院（腾讯）以及银川同仁堂国际互联网医院（同仁堂），上市企业具备强大的融资能力和资源链接能力，将为互联网医院的发展壮大提供强有力的支撑。

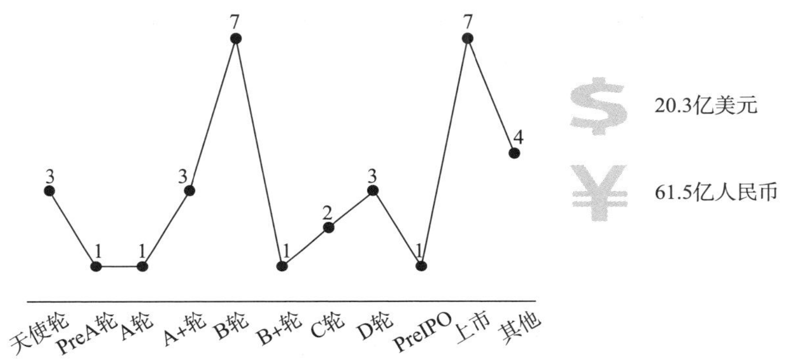

图7－8　处于B轮融资和已经上市的企业数量示意图

（二）互联网医院带来企业增值

表7－2　互联网医院上线前、后企业融资情况对比表

序号	企业名称	上线前最近一轮融资		上线后最近一轮融资	
		轮次	金额	轮次	金额
1	好大夫在线	C轮	6000万美元	D轮	2亿美元
2	39互联网医院	未融资		天使轮	5000万元
3	康康血压	A轮	未公开	A＋轮	3000万美元
4	微医	C轮	3.94亿美元	PreIPO	5亿美元
5	东软熙康	A轮	1.7亿美元	B轮	6400万美元
6	健客	A＋轮	5000万美元	B轮	1.3亿美元
7	金蝶医疗	A轮	1亿	A＋轮	未公开
8	唯医	A轮	1000万美元	A＋轮	2770万美元
9	叮当快药	A轮	3亿	B轮	未公开

从融资金额看，33 家企业累计获得 20.3 亿美元和 61.5 亿元人民币融资。33 家企业中，有 9 家企业在上线互联网医院后，继续获得融资，如表 7－2 所示。其中，好大夫在线、微医、健客、唯医在上线互联网医院业务后，新一轮融资远超过前一次融资，意味着互联网医院是互联网医疗企业价值提升的重要一步。

三、深圳医院：为粤港澳居民提供一体化服务

2018年12月20日，南方医科大学深圳医院互联网医院建设正式启动，并揭牌成为微医大湾区协作平台深圳基地。

在南医大深圳医院与微医广州互联网医院合作建设医联体的基础上，该互联网医院以实体医院为依托，打通医疗服务全流程，正式上线后可为粤港澳居民提供在线复诊、在线处方、药品配送、慢病管理等覆盖诊前、诊中、诊后的线上线下一体化医疗服务。

（一）深圳医院服务模式创新新阶段

作为深圳市“三名工程”首个落地的“名院”项目，南方医科大学深圳医院与微医广州互联网医院合作，率先借助互联网、大数据、人工智能等技术建设互联网医院，为深圳乃至粤港澳大湾区居民提供新型医疗健康服务。

南方医科大学深圳医院院长廖四照说，这将是对行业已有互联网医院模式的革新与升级，实现实体医院与线上医院互联互通。目前，医院已打通预约挂号、在线复诊、在线处方、送药上门等服务闭环。对慢病患者来说，专家从原来一知半解的“陌生人”变成专属“家庭医生”，有了对患者健康状况的全面了解。以后，复诊患者无需再跑腿，就能通过互联网医院开药、付费，

并且享受药物快递到家的服务，就像网购那样简单。

启动现场展示了一位76岁的陈先生通过互联网医院便捷就医的过程。陈先生患有高血压、糖尿病20多年，需要定期到医院复诊。陈先生餐后血糖控制不佳，想要尽快复诊，咨询医生如何处理。通过南医大深圳医院公众号的“互联网医院”入口，陈先生与熟悉的内分泌科徐主任进行在线沟通。徐主任根据陈先生此前就诊病历、检查检验结果，以及目前血糖情况建议调整降糖方案，增加阿卡波糖片，并在线开出处方，陈先生线上支付费用后，新增的阿卡波糖片将可直接快递到家。

“深圳是一片改革创新热土，南方医科大学深圳医院作为深圳‘互联网+医疗健康’创新引领者，通过与微医大湾区协作平台的深度融合，真正构建了一个以患者为中心的医疗服务模式，让深圳、大湾区居民更为便捷地获得优质的‘主动健康’服务。”微医首席医疗官、乌镇互联网医院院长张群华说。

（二）借助协作平台，服务粤港澳大湾区

面朝香港地区、背靠广州，深圳需要以创新高地为基础，发挥核心区位的优势，做好粤港澳医疗协作的“桥梁”。到2018年年底，开业仅三年，南方医科大学深圳医院开展了大批高难技术医疗，神经内科、消化内科、骨科、普外科、皮肤科、儿童耳鼻喉科等处于深圳市领先水平。同时，品牌学科建设成效明显，目前全院正在争创三甲，以评促建，积极打造医教研一体的研究型医院。

作为深圳市公立医院改革的桥头堡，建院之初，南方医科大学深圳医院便把智慧医院引入医院的建设规划中，以互联网技术创新诊疗模式。通过医院官方微信公众号，使市民方便获取门诊

和住院的全流程服务，到 2018 年年底，医院门诊预约率 90% 以上；通过床旁交互系统，住院患者可以每天清晰获知自己的用药情况，费用清单等。同时，医院还在深圳首批开通跨省异地就医，医保直接结算。

继微医大湾区协作平台在香港地区发布以来，粤港澳医疗机构纷纷响应，陆续启动了珠海基地、妇儿健康基地。作为平台系列发布的第四站，南方医科大学深圳医院互联网医院加入微医大湾区协作平台并成为深圳基地，率先探索慢病管理、产科管理、健康管理等会员模式，将向大湾区居民提供覆盖诊前、诊中、诊后的“互联网 + 医疗健康”服务。

廖四照院长表示，南方医科大学深圳医院携手微医建设互联网医院，将借助微医大湾区协作平台深圳基地这个全国首个支持港澳用户注册的医疗协作平台，拓展服务区域，扩大服务对象，通过 APP、电话热线入口，让粤港澳居民切实享受“线上 90 秒钟、线下 90 分钟”的便捷就医服务。

互联网医院建设启动当天，来自香港地区的彭先生、曾先生以前没有做过详细的体检，加上彭先生最近发现自己血糖偏高，眼见身边很多朋友都开始有“年纪大，机器坏”的情况，所以决定通过微医大湾区的平台预约到内地做健康体检。“在香港地区做颈动脉彩超大概需要 1000 港币，心脏彩超要 2000 港币，再加上诊费，仅这两个项目香港地区就贵 10 倍了，现在到深圳这家大医院整套体检做下来才 1000 多元人民币，而且交通成本也不高。”彭先生说会向更多家人、朋友推荐这些服务。

微医大湾区（香港）首席运营官郑宇凌介绍，香港地区居民能随时随地通过微医 APP 查看电子体检报告，可通过互联网医院与医生沟通体检的异常情况，线上复诊非常便捷，不用异地奔波，节约了很多就医成本。

四、医联华方：以中医为特色，覆盖全科

2018年7月2日医联与日照华方中医分院联合打造的，首家以中医为特色，覆盖全科的“医联华方”互联网医院正式上线，这意味着医联“赋能医疗”的全面升级。

除了提供在线问诊、远程会诊、名医出诊、电子处方、送药到家等服务，“医联华方”互联网医院还吸引了以张大宁教授为代表的四位国医大师，以及其他600位医生入驻。

张大宁是我国著名的肾病学、中医学家，中国肾病学泰斗，六代御医传人，被国家表彰的权威国家领导人保健医生。作为中医肾病学的奠基人，张大宁20世纪80年代主编了我国第一部《实用中医肾病学》和《中医肾病学大辞典》，科学、严谨地规范了“中医肾病”的概念、范围及辨证论治的基本规律，从而使“中医肾病学”从中医内科学中科学地分离出来，形成一门系统完整的中医临床学科。

中医资源稀缺，像张大宁这样的国医大师更是被视为中医珍宝，传统实体医院的医疗服务受限于一定的半径，很难让更多人享受到中医尤其是国医大师的服务。“医联华方”互联网医院上线，架起了群众与国医大师、名医生、名药方“零距离”接触的“大云桥”，扩大了服务半径，在一定程度上缓解了医疗资源不均衡的问题，可以不断满足人民群众的个性化健康需求，有力促进日照市卫生健康事业发展。

另一方面，互联网医院要起飞，必须要有落脚点。“医联华

方”依托日照华方中医分院这一线下实体，可以明确医疗责任，保证患者就医的基本安全，减少不必要的医患纠纷。

医联副总裁杨洋表示，“医联华方”互联网医院上线是医联和华方战略合作的起点，未来医联还将为日照注入多元化的医疗资源，包括将医联50万名医生资源转化到互联网医院进行多点执业，建设日照医疗大数据平台等，为日照市提供全方位智慧医疗解决方案。

（一）从医生社区开始，联合各级机构，全方位输出能力

刚刚过了四岁的医联，在2018年明显高调了许多，各种战略合作紧锣密鼓，可谓动作频频。

2018年6月，医联携手企鹅医生与叮当快药达成三方战略合作，打通了就诊服务最后一公里，借助叮当快药的药品资源、药店资源和药品配送能力，快速布局药品流通领域，形成“医+诊+药”服务闭环。

2018年5月，医联连续发力智慧医院。不仅与华西口腔医院达成战略合作，共同推动人工智能与口腔医学领域的创新融合；还完成了自主研发的Winlite（云母）智慧医院平台上线内测，以及在多家医疗机构的试运营。

在“医联华方”互联网医院正式上线之前，医联就与山东省日照市人民政府签署了战略合作，为日照市提供全方位智慧医疗服务。

至此，医联的医疗赋能已经全面开花，从政府机构，到医疗机构、药械厂商、保险公司等大健康产业，医联已经渗透到产业链上下游的各个环节。

如果说之前的战略合作，基本上还属于医联单能力的输出，那么上线“医联华方”互联网医院，则是医联综合能力的完美展示。

可以想象的医疗服务闭环场景是这样的：用户在日照华方中医分院这一线下实体完成首诊，随后通过医联产品体系中的医联体、互联网医院、企鹅诊所等完成复诊、治疗方案确认、康复管理、健康管理等诊疗流程。如涉及用药，医生将开具电子处方、上传诊断报告到患者端，由患者通过医联战略合作伙伴叮当快药平台在线下单。

（二） 从日照华方开始，开启医联的“互联网医院 +”模式

目前互联网医院主要有两种，一种是互联网医疗企业通过申请医院牌照；一种是互联网医疗企业与线下医院合作共建互联网医院。

业内专家认为，对互联网医疗企业来说，完全自建线下实体医院，模式相对重要，发展必然缓慢。相反，选择与线下实体医院合作共建，模式较轻，能够快速形成自己的核心能力，并推而广之。

从医联频率极高的战略合作可以看出医联对自己的定位是后者。

医联、企鹅医生创始人兼 CEO 王仕锐认为，互联网医院是线上线下医疗服务的双向流动，线上线下各有各的优势，两种形式互补才能走得更快更远。

从开始一个单纯的医生学习和交流的平台，到后来输出医生资源进行多点执业，医联围绕医院做一个多资源多能力整合者的

定位越来越清晰。截至2018年7月，医联已在多个层面形成了自己的核心能力，在供给层，既可以单能力输出，也可以与医药厂商、器械厂商、保险公司先合作后整体输出。在支持层，通过战略合作，分别形成了AI技术、医药配送、医疗大数据等能力，以支持不同的解决方案。除了医院，医联形成的解决方案，还可以输送给一些第三方机构。

与日照华方中医分院的合作，堪称医联综合能力的大练兵。山东省是中国的人口大省，有超过1亿的常住人口，医疗消费巨大。日照只是一个起点，随着合作的不断深入，医联的互联网医院触角必将延伸到山东其他地区，进而实现全省，乃至全国的布局。

此外，医疗是一个深受政策影响的行业，作为后起的医疗形式，互联网医疗要生存好，发展好，必须要围绕政策布局。放眼当下，深化医疗改革的重中之重是分级诊疗，即实现“基层首诊、双向转诊、急慢分治、上下联动”的医疗目标。

而“互联网医院+医联体”已经成为行业公认的分级诊疗手段。未来，随着互联网医院布局的深入，医联还将促进各个互联网医院间建立医联体，实现院间数据互通，在保证信息安全的基础上，建立患者数据共享平台，实现医联体内部医疗设备共享，院间协同工作，患者远程检查，最大程度地实现分级诊疗。

与此同时，还可以提供医联体内部的医生教育、患者转诊、医生出诊、远程诊疗等增值服务。

有了互联网医院这一核心，未来的医联在医疗服务解决方案方面的发展将存在很大的想象空间。

五、京东：线上线下一体化赋能

2019 年 1 月 16 日，京东互联网医院宿迁分院宣布上线，与此同时，宿迁医保体系与京东实现系统性打通，隶属于京东生活服务事业群的互联网医疗版图也随之显现。

京东作为互联网医疗领域的后起之秀，凭借先天的平台优势及业内领先的药品供应链优势，携手地方政府、医院等各方力量，相继在互联网医院、互联网医保领域实现破冰，为我国“互联网 + 医疗健康”的整体发展树立示范性样本。以“线上线下一体化赋能，最终方便百姓就医”为核心，京东将以宿迁为样本，为更多国民勾勒出一条看病不再难的“微笑就医曲线”。

（一）储备“粮草”，开设互联网医院

2017 年 8 月 30 日，京东与银川市政府签署战略合作协议，将在健康大数据、医药电商、智慧医保等方面开展深度合作，携手银川市政府共同建设“健康银川”。4 个月之后，京东互联网医院正式上线并营业，还将“互联网医院”的服务嵌入京东 APP，满足用户从购物到健康的需求。

京东商城生活服务事业群医药城总经理金恩林表示，在此之前，京东做了很多储备。概括而言，包括以下三点：

1. 调研用户的需求

一开始做互联网医院的诉求很简单，因为患者在线上有咨询

或诊疗的需求，而由于信息不对称，导致他们浪费很多时间和金钱。比如老百姓对于疾病、药品的了解程度不够高；就诊前患者对自己的疾病也不了解，包括挂什么科的号、找什么样的医生等。而互联网医院的功能刚好能解决这些疑问。

在他看来，不仅如此，互联网医院还能让患者和医生一对一交流，类似于享受家庭医生的服务模式。

2. **搭建团队**

最开始筹建互联网医院的时候，大部分团队成员是此前在京东任职的同事，因为他们更了解公司体系；另外也招聘了一些医生。到 2019 年 1 月，团队中 2/3 是医生及拥有互联网医疗从业经历者。

3. **接入京东平台**

借助京东平台优势，包括流量的导入、资源的接入，让京东互联网医院的产品得到了快速发展，很多医生、专家也非常认可。

一年过去，到 2019 年年初，京东互联网医院已连通 8 万多名专家、20 多万名医生、1000 多家二级以上的医院，构建了挂号、体检、疫苗等互联网医疗服务，成为业内增速最快的平台之一。除了普通的图文和电话问诊之外，还开创了一些慢病中心，以及线下互联网医院的创新服务场景。

2019 年 1 月 16 日，京东互联网医院宿迁分院正式上线，成为我国公立医院与平台型互联网医院的首次线上线下一体化合作。形象点说，这次合作，相当于宿迁市第一人民医院直接“搬”上了京东互联网医院。

今后宿迁居民不仅可以通过京东互联网医院宿迁分院入口快速找到适合的医生进行在线问诊，而且在线下医院初诊后，还可通过线上进行复诊及慢病管理。这意味着，人们通过互联网医院即可进行专业的医疗咨询，复诊更是可以足不出户，相比将大把时间浪费在交通和排队上的传统就医，这种打开手机几分钟就能完成的互联网就医，实在是方便了太多。

在宿迁市第一人民医院院长、党委副书记朱伟看来，这种线上线下医疗资源及医疗服务的一体化打通，使得医疗资源和运营更具保障。2018 年，该院门急诊达到67.03 万人次，出院3.88 万人次，手术 1.52 万台。作为一家公立三级综合医院，每天都要接诊大量患者，其中多数为常见病问诊或常规复诊及慢病诊疗，占用了不少的医疗资源，而医院入驻京东互联网医院后，患者在家即可在线完成前期咨询、复诊及慢病管理等，把线下门诊资源尽可能多地留给急重症患者。

换而言之，这相当于直接为宿迁市第一人民医院实现了分级诊疗，通过对慢病和复诊的问诊进行分流，从而把真正需要到线下医院就诊的患者筛选出来，大幅提高医院的医疗资源使用效率，优化医院资源配置。在医生接诊压力得到释放的同时，亦可同步提高响应速度和问诊质量，带给患者更加有保障的就医体验。

与此同时，以医院为主体与互联网医院合作，还可以有效推动医院整体的数字化建设。依托像京东这样的互联网企业的优势资源与能力，医院可节省大量改造建设互联网信息系统的成本和时间，随着电子病历和 AI 分诊系统的上线，还能为患者提供更为精准、快速的诊疗服务。

“接下来我们会做互联互通，以京东互联网医院为线上就医唯一平台，线下的挂号、缴费、查询等都会在京东互联网医院里完成。”金恩林表示，未来医院的医生排班、处方等都会上传到京东互联网医院宿迁分院，患者通过一个入口来预约线上问诊、线下面诊，还可以回到互联网医院里找到原来的医生进行复诊。

（二）京东互联网医院的核心：医药联动，线上线下一体化

京东集团副总裁、京东商城生活服务事业群总裁辛利军表示，业内其他做互联网医院的创业公司，或多或少都遇到了药品的瓶颈。从这一点看，京东互联网医院的诞生可谓是“含着金钥匙”：一方面京东平台在消费者心中占据了一定的位置，另一方面京东大药房已经是线上线下最大的药品零售平台之一，这是中国任何一个互联网医院都不具备的能力。

另外，互联网医院的真正目的是通过解决线上线下融合的问题，提高就医效率，方便老百姓到同一个平台问诊，而不是去取代线下医院。

京东互联网医院和其他平台的区别就在于京东自始至终致力于实现线上线下医疗资源的一体化打通，围绕国家分级诊疗和医药分离的核心政策，真正和线下医院充分合作，打通线下医院的所有场景，为老百姓切实解决看病难和看病贵的问题。

因此，京东互联网医院得到了线下医院的支持，比如宿迁市第一人民医院。他们认为更多的医疗服务未来将在线下实现，希望在大力倡导线上治疗的过程当中，得到线下的支持，因为这样对患者负责任才是完整的。

（三）政府支持，宿迁成为实现三医闭环的先驱

与宿迁分院上线同步，京东还宣布与宿迁医保体系实现了系统性打通，宿迁居民张女士完成了我国第一笔医药电商平台线上医保支付。这是一个巨大的进步，标志着我国医药电商进入到医

保在线支付的时代，也标志着“医疗、医药、医保”闭环的率先实现。

其实，在整个“互联网 + 医疗健康”领域，医药一直是互联网化程度相对较高的，而医保的阻碍可能稍微大一些。因为医保支付是医疗体系当中非常关键的一环，医保账户管理方对新的支付渠道一直都比较谨慎。

金恩林表示，在宿迁项目上，京东与宿迁当地政府做了非常多的沟通，“对方非常关注盗刷等安全问题，但更多取决于政府部门服务百姓的初衷和决心有多大，其实任何技术的问题都可以通过方案解决。”最终，京东的方案得到了宿迁人社局和技术部门的认可。

总体概括来说，获得政府支持的因素有两点：

第一，可靠的技术解决方案；

第二，政府的意愿。

这场合作始于 2017 年，宿迁市政府与京东开展了“健康宿迁”合作项目，并且纳入智慧城市整体建设规划。

此外，三医闭环能够在宿迁率先实现还有一个特殊原因。

“原来宿迁的医院是私立的，政府发现私有化并不能解决所有问题，关系到基础民生，全部市场化了会出问题，宿迁希望通过积极作为，快速补上原来私有化带来的问题。”辛利军说。

2003 年，江苏宿迁“卖光”了公立医院，成为中国医疗体制改革历程中的一个注脚。随后，这种完全市场化的改革让宿迁一时成为全国唯一没有公立医院的地级市，直到 2015 年 9 月，宿迁才建成了宿迁第一家公立医院，即此次入驻京东互联网医院的宿迁市第一人民医院。

与其他互联网医疗平台不同的是，宿迁医保系统与京东打通，居民在京东平台看完病可直接医保购药，无需持医保卡前往医院或定点药房购买。

2019 年 1 月 16 日当天，宿迁居民张女士在京东大药房下单购买药品后，成功绑定医保卡后使用医保在线完成支付，成为国内“医药电商平台医保在线支付第一人”。

张女士表示，“这样一来使用医保就太便利了，再也不用为了使用医保买一盒常用药而特意跑一趟医院或定点药房了，而且京东大药房的药品比药店丰富太多了!”今后，只要像张女士一样拥有宿迁医保账户的居民，在京东大药房购买非处方药时，便可绑定医保卡，直接使用医保支付，坐享“送药到家”。

“互联网＋医保”对改善传统医保下的各方痛点具有多重效果，比如为政府提供医保控费依据，帮助医院缩短账期，以及大幅提升患者使用医保的便捷性。随着京东主站率先接通地方医保系统，中国医保改革也迈出了重要一步。

此外，宿迁人民还将在这种新型的医保购药模式下收获额外“福利”：京东大药房目前已成为最大的第三方药品零售平台之一，与各大药企均达成了直接合作关系，从源头保障药品质量安全，实现了从亚健康到疾病治疗的健康消费需求的全面覆盖。宿迁居民通过京东大药房使用医保将能更加方便地购买到更多的“好药”。

（四） 医保系统的打通，彻底实现了“三医联动”

医保系统的打通以及京东互联网医院宿迁分院的上线，为京东在宿迁实现互联网“医疗、医药、医保”闭环补齐了最后的拼图，彻底实现了“三医联动”。

这也是公立医院与平台型互联网医院的首次线上线下一体化合作；同时，随着宿迁医保体系与京东实现系统性打通，医药电商平台线上医保支付第一人于当天诞生，实现了划时代的一步。

至此，京东在宿迁实现互联网“医疗、医药、医保”闭环，打造出以患者为中心，连通“医—药—险”的“微笑就医曲线”，为消费者带来真正线上线下一体化的就医购药体验。对于这条曲线，京东商城生活服务事业群医药城总经理金恩林这样解释道：“借助京东提供的线上线下一体化就医服务体系，患者可以通过京东互联网医院的宿迁分院入口及宿迁智慧门诊两个渠道进行就医。通过前者，患者可以在线上完成诊疗过程，也就是远程问诊处方购药；当遇到线上解决不了的问题，则可以通过后者预约宿迁市第一人民医院的专家挂号，到线下治疗。在此过程中，线上诊疗过程和线下诊疗过程互联互通。

“在线下诊疗之后，复诊既可以在京东互联网医院完成，也可以在宿迁智慧门诊里完成。因为他们是互联互通的，未来京东主站的用户可以经过线上的分诊之后，流向线下实体医院，比如哪个病看哪个医生比较好，在我们的平台里可以直接挂号预约医院的大夫，这叫流量下行。患者还可以在京东互联网医院里很轻松地找到他之前在线下面诊的大夫，比如骨科、妇科、产科，从而可以使得患者能跟主治大夫延长诊疗服务的区间，让患者更好地得到服务。

“同时，在患者整个诊前、诊中、诊后的过程当中，贯彻了医疗、医药和医保的闭环服务。其中医药是京东来做，医保可线上支付。

“在这条曲线背后，京东的‘互联网＋医疗健康’版图已有了完整架构，而且各项业务均已在细分行业处于领跑位置。”

京东互联网医院宿迁分院作为串联线上线下医疗资源的工具，将远程诊疗与线下面诊承接起来，实现了医疗服务一体化，并与线上医药打通。而医保与京东的打通，则划时代地实现了医保互联网化，使医药和医保在线上实现联动。

“此次京东互联网医院宿迁分院的上线及医保系统的打通，是对国家推进医疗资源下沉、普惠民生系列政策的大力践行，为地方政府联手医疗机构与互联网企业共建‘互联网＋医疗健康’服务体系提供了很好的借鉴。”宿迁市副市长薛启书表示，未来双方将继续深化医保改革、推进医疗联合体建设、促进医疗资源下沉，努力将宿迁打造为“健康城市”的范本。

（五）京东已初建完整的“互联网＋医疗健康”布局

具体而言，京东医疗共分为四个业务板块：京东大药房及三方平台、京东互联网医院、药京采、智慧医疗，如图 7－9、图 7－10 所示。

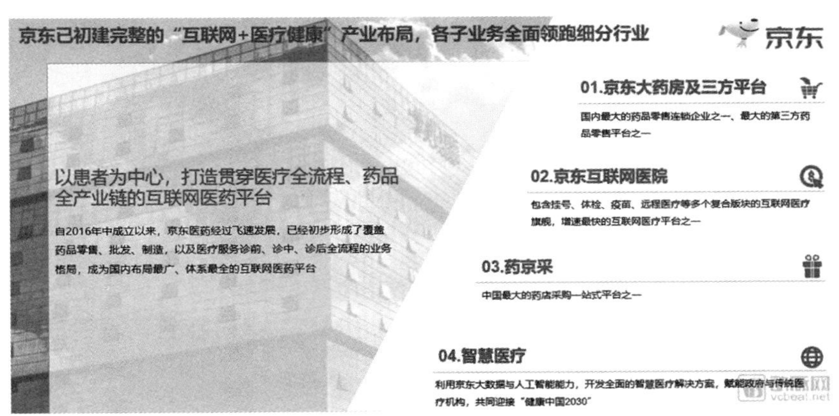

图 7－9　京东医疗的四个业务板块

其产品成长线如下：

保健品是京东在医疗健康领域当中经营最早的一个品类，可以追溯到 2013 年。

“四项子业务板块，整体逻辑是以患者为中心，打造贯彻医

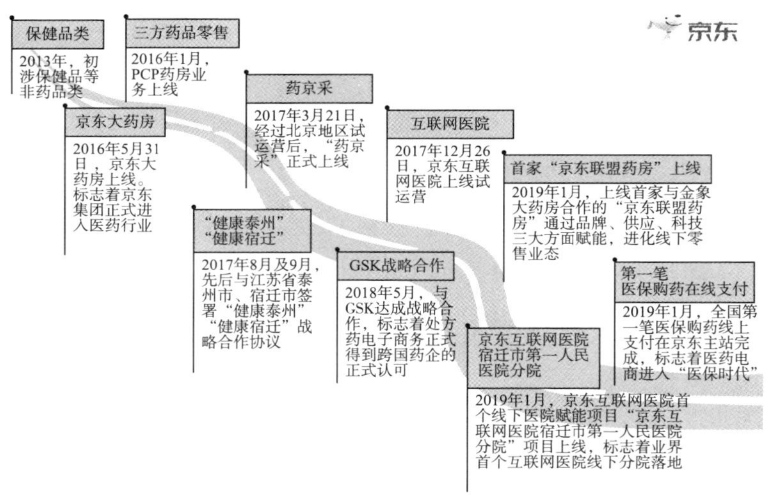

图 7－10　京东医疗的产品成长线

疗全流程、‘互联网医疗＋医药’的全互联网医药平台。”辛利军说。

“我们秉承的大思路是以服务政府、善政、兴业、惠民为根本目标，通过医疗、医保和医药三个板块，大概有八个解决方案，来服务地方政府以及医疗机构，从而能够实现国家在‘互联网＋医疗健康’方面所做的各种倡导。”金恩林补充道。

（六）“三医联动”只是第一步，互联网医疗业务将长期投入服务民生

目前，京东互联网宿迁分院上线以及宿迁医保系统与京东打通，基本构建起了“三医联动”，这仅仅是合作第一步。金恩林表示，接下来京东还会从三方面深化合作：

（1）继续与宿迁市第一人民医院深入合作，实现线上全场景与线下全部医疗资源的深入对接，打造“微笑就医曲线”的样

板。在与泰州、福州等地签署的“健康城市”战略合作协议中，京东会将此模式复制到这些城市。

（2）扩大合作医院的网络。除了宿迁市第一人民医院之外，实现与更多二级医院的合作和对接，真正实现线上一张网、线下多节点的线上线下一体化医疗网络。

（3）广泛赋能业界合作伙伴。互联网医院是所有医疗资源、医药资源的连接器，我们会把它内部的资源赋能到医院、医生、药厂以及药店的伙伴当中去，拓展京东互联网医院的网络和服务边界。

“其实我们想打造一个严谨高效和专业的诊疗平台。在目前的基础上，还会更多地引进专家，扩展更多医疗场景。下一步计划对药厂、药店、医院等进行赋能，并在满足医生与患者的需求之外，把上述资源都纳入到京东互联网医院的体系里来，使京东互联网医院成为整个医疗体系的基础和连接器。”金恩林说。

未来京东医疗业务希望达成的效果是：京东互联网医院作为诊疗服务入口，进入入口后，适合线上问诊的线上解决，不适合的由京东互联网医院的挂号和预约功能，帮助患者在线下找到对症的医生，到线下面诊、复诊。

而关于线下的布局，辛利军也提到，接下来不排除投资医院来实现与医院的深度合作，“京东互联网医疗的核心是线上线下一体化赋能，最终方便百姓就医，从这个角度上，真的不排除我们会跟有些医院深度合作，投资或者自建，这是后面的事情。”

他认为，要首先解决老百姓痛点（看病难看病贵），解决政府痛点（医保支付无节制，很难管控），在解决这些问题的过程中得到收益，但需要长期投入。

“我们进入这个行业的时候，看的绝对不是两年，而是十年，五年之内能不能改变这个问题。”辛利军说。

六、宣武医院：智慧医院、互联网医院、医联体协同发展

当前处于信息爆发时代，信息化建设对医疗有着非常大的支撑作用。“信息化 + 医疗”，或者说“互联网 + 医疗”是一个非常时髦的话题。但是在医院中要如何将信息技术落到实处，如何通过信息技术对医疗质量、医疗内涵、医疗管理进行支撑呢?

2018 年 11 月 5 日，在澳大利亚布里斯班召开的 HIMSS① 亚太区年会上，首都医科大学宣武医院被授予 2018 年年度 HIMSS 亚太区“信息与通信技术杰出成就奖”，是亚洲地区本年度唯一获此殊荣的机构。

（一） 跟随政策导向，持续进行信息化转型与升级

宣武医院建立于 1958 年，是一所以神经科学和老年医学的临床与研究为重点，以治疗心脑血管疾患为特色的大型三级甲等综合医院。

宣武医院的医疗信息化建设历时 20 余年，总投入过亿元，但原有硬件设施已经不能满足不断增长的医疗需求。2018 年，随着

---

① HIMSS：Healthcare Information and Management Systems Society（美国医疗信息与管理系统学会）的简称，始建于 1961 年，总部位于美国芝加哥，是一家全球性的、以理念为基础的非营利性组织，旨在通过信息技术提高医疗水平。

新医疗改革政策的提出，我国医疗卫生领域信息化建设的投入正不断增大。宣武医院也在持续进行数字化改革和信息化建设。

2018 年，宣武医院特约门诊、干保门诊和中国国际神经科学研究所投入使用。同时，医院在阿尔茨海默病、帕金森病、脑卒中、癫痫、运动障碍疾病、脑与脊髓血管病等方面，建立了完整而规范的诊疗体系，形成了优势与特色，绩效考核也在北京市市属医院名列前茅。

首都医科大学宣武医院信息中心主任梁志刚总结了我国在医疗信息化建设过程中经历的三个阶段：

第一阶段：2015 年的大众创业、万众创新阶段，主要是商业模式的探索。

第二阶段：2016 年，国家对“互联网 + 医疗”模式进行严格管控。

第三阶段：2018 年是转折点，国家政策开放，允许以实体医院为依托建设互联网医院。

在梁志刚看来，除了国家层面政策导向这种顶层设计外，还要做好临床实践中的决策支持和质量管理，最终才能实现智慧医疗的真正落地。

智慧医院要以临床需求为导向来进行信息化的建设。不仅要强调人工智能在智慧医院建设中的作用，更要强调“互联网 + 医疗健康”的重要性。

现在人工智能不再是虚幻的概念。如何通过技术手段和技术创新干预疾病诊疗环境，为医生提供支持和帮助，从疾病的诊疗过程、管理过程、质量安全过程进行管理，梁志刚表示，这才是当下医疗行业从业者应该探讨的话题。

通过医疗人工智能技术和信息系统流程改造，宣武医院建立了智慧医疗系统，即智慧医院。

（二） 基于临床需求的智慧医院建设：亮点突出

梁志刚表示，宣武医院智慧医院的建设来自于临床需求。宣武医院树立了这样一个理念：信息化建设首先是为患者服务，因为医院运行的本质就是为患者提供高效优质的医疗服务；其次要为医护人员服务，为其提供完整的业务流程及良好的技术保障；最后是帮助医院进行运营管理。所以，信息化建设要做到标准化和流程再造。

宣武医院智慧医疗建设中的几个亮点：

1. HIMSS，即医疗卫生信息和管理系统

这个概念来自于美国，是医疗信息化建设中的主要评级标准。这种评审体系也可以称作以评促建，就是按照国际的标准来规划医院信息化的整体建设布局，同时保障这种信息化建设能够更好地服务于医疗，服务于医疗质量、医疗管理，提升患者满意度，保证医疗服务优质和高效。

通过整体的 HIMSS 建设，宣武医院对医院整体的医疗信息化有了一个比较清晰的认识。2017 年，宣武医院获得了 HIMSS EMERAM7 级认证。

2. 用药安全

宣武医院搭建了全院级的门诊和住院医嘱系统，不合理用药、超剂量超范围用药及禁忌用药都能够通过系统及时发现。医院现在也在做实时审方，解决药品零差价之后药师转型的问题，即药师从一个药品的销售管理方变成了指导方，真正发挥药师本身的价值和作用。此外，宣武医院所有用药数据库都由院方自己来维护，保证用药安全和合理性。

3. 救治优先级

在神经内科精细的设计和信息部门的技术支持下，开设急性脑卒中患者信息绿色通道，把缴费环节后移，诊疗环节前移，充分保障卒中患者的救治优先级。医院利用基于梅奥知识体系的临床决策支持系统，进行急性脑卒中患者救治的全流程决策支持，智能审核临床处置和医嘱的合理性。将医疗人工智能与急性脑卒中病历内涵质控结合，对脑卒中患者病历质量进行流程性检查和实时提示，规范临床诊疗行为，实现了卒中急救诊前、诊中、诊后的闭环管理。

宣武医院在 2018 年年度 HIMSS 亚太区“信息与通信技术杰出成就奖”颁奖典礼中获得了杰出成就奖，是亚洲地区本年度唯一获此殊荣的机构。而宣武医院正是以“人工智能、急性绿通改造打造卒中急救效率和质量闭环”作为本次奖项申报典型案例。

梁志刚表示，医疗中对人工智能最大的需求是临床决策。因为医学从严格意义上来讲不是精密科学，而是实践科学，很多来自于经验和积累。把这些经验通过大数据建模汇集分享，这是信息技术能够在疾病诊疗环境和临床辅助决策中发挥作用的地方。此外，不仅是大城市，边远地区也需要优质的医疗资源。而人工智能辅助决策能够弥补由于我国医疗资源不均衡所产生的医疗服务不均衡的问题。

除此之外，宣武医院还在业务流程上进行了梳理。将宣武医院的规章制度和国家的政策法规要求，落实到整体的医疗实践工作过程中，通过信息化的方式将其固化下来，真正落到实处。

梁志刚表示，宣武医院要做的是整体的智慧医院建设，从医疗服务到运营管理都要通过信息化进行支撑，信息化对医疗的推动作用是宣武医院未来发展的趋势和导向。

（三）发挥学科优势，实现智慧医院、互联网医院、医联体协同发展

下一步，宣武医院会代表北京市支援雄安新区建设，由北京市政府全额投资，在雄安新区建设第五代智慧型医院。

梁志刚表示，智慧医院没有重点，不同时代的不同阶段，对智慧医院的定义不一样。随着技术的进步和医学的发展，智慧医院的概念也会不断更新。医疗从业人员都希望未来做任何疾病诊断的时候，能有一个智能的助手来对医生进行协助，这个协助应该包括检验、诊治及用药。在医院发生的一切，未来都需要做到更便捷、更精准、更智慧。在梁志刚看来，这就是智慧医院未来的发展方向。

梁志刚还提出，智慧医院建设要将互联网医院包括在内，这可能是未来的一个发展趋势。

互联网医院的建设需要医院和企业共同来分担。但是整体的医疗质量的管理，则需要医疗机构自己来把控。所以，互联网医院就需要公立医院发挥临床的对社会服务的支撑作用，再结合企业优质的医疗产品和医疗服务。双方结合在一起，才能更好地落地。

宣武医院的互联网医院建设还是会通过招标的方式来进行。梁志刚反复强调，整体的医疗质量管理还是要由院方来负责，企业能够在技术上弥补公立医院的不足就够了。医院跟企业的边界一定要划清楚，而企业必须要以医疗服务为核心，才能实现价值最大化。

总的来说，就是政府做监管，医院做医疗，企业做运营。各司其职，才能做好分级诊疗。

宣武医院的医联体建设也在探索当中。宣武医院希望从专科医联体做起，一个一个往下推。医院目前通过卫健委在跟社区做关联，做整体信息化系统建设。梁志刚表示，医联体建设还是要通过学科的发展、学术的发展医生的需求行为去进行。未来宣武医院将会打通跟周围的医联体的信息系统，真正做到信息的共享和交互，真正实现双向转诊，做到院前有来源、院中有治疗、院后有康复，将医联体真正建设起来。

梁志刚表示，现在就是最好的时代，国家也在鼓励医疗从业人员利用信息技术对医疗质量进行管理，通过对疾病整体的干预过程促进医疗水平的提高。宣武医院未来还有很长的路要走，既是挑战也是成长空间，宣武医院将会继续运用信息技术为医疗行业发展做贡献，将医院的优势学科发挥出来，更好地为老百姓服务，实现双赢。

附录

其他互联网医院实践者

案例一：阿里健康网络医院

阿里健康网络医院是阿里健康与实体医院合作，为患者或偏远地区百姓提供的在线医疗服务。医疗服务入口设置在互联网平台（天猫医药馆 PC 端、阿里健康 APP），通过互联网平台账号接入线上医院，实现实时问诊、预约问诊、开具处方的线上医疗服务，患者可以在天猫医药馆下单买药。偏远地区，主要通过远程视频、线下影像中心支持，开电子处方，打通药品销售网络。

目前患者可以进行问诊的科室包括中医科、内科、皮肤科、外科等 10 个科室。平台已经拓展了北京、上海、湖北、重庆、河南五地的医疗资源，但受限于各地不同的医生多点执业政策问题，在跨区域开展互联网医疗业务时未能实现医院间的互联互通。

同时，阿里健康网络医院推出“父母关怀计划”，针对慢性病老年人群提供智能化的慢病管理服务，并与金昌糖尿病专科医院、金昌市中医院和金昌市金川区中医院合作通过阿里健康网络医院平台，为德生堂、百草堂、康爱多等 65 家连锁药店提供“一分钟诊所”在线医药咨询服务。此外，除了 186 家药房外，阿里健康网络医院收购广州五千年医药连锁有限公司，与赛诺菲、辉瑞等药企布局慢病管理，以及与太平人寿、信诚人寿等保险公司从事互联网健康保险相关业务。

就阿里健康与医院的合作及就诊点的选址显示出：阿里主攻农村市场，用最优质的资源去补强医疗体系最薄弱的环节——农村医疗，弱化医疗互联网的阻碍。

案例二：广东省网络医院

广东省网络医院由广东省第二人民医院主导建设，在于增强院内就医优化。基本的诊疗服务流程是在线下建设就诊点，通过线上视频问诊、开具处方来实现院外就诊，同时就诊点配备拿药环节。主要问诊方式基于远程视频工具；患者不能在家进行，要去社区医疗中心、农村卫生室、健康小屋、大型连锁药店等就诊点；拿到处方后，去就诊点取药。

这一模式相对传统看病难的问题，省下了赶路的时间，其他一点没变，患者数并没有减少，医生的服务效率也并没有提高。而且就诊点视频设备的数量限制造成的患者拥挤可能带来医生资源空置，此外没有针对医生的价值补偿机制。从医院、医生、患者三方考量，仅考虑患者一方的利益，很难大规模运营成功。

从 2015 年统计的就诊点数据也可透露出这一点，据《每日经济新闻》报道："2015 年 10 月统计的数据显示，广东省网络医院在全省有 1000 多个接诊点，这与'2015 年年底完成 1 万个接诊点布局'的目标相去甚远。"在进入 2016 年后接诊人数、医生资源也无太多变化，每天看病人数有七八百人。

案例三：浙江大学医学院附属邵逸夫医院，累计交易金额数亿元

浙江大学医学院附属邵逸夫医院是由香港地区知名实业家邵逸夫爵士捐资、浙江省人民政府配套建设，集医疗、教学和科研为一体的公立综合性三级甲等医院。自1994年建院以来，医院不断借鉴国外优秀医疗机构的成功经验和管理模式，使医院实现跨越式发展，并走在国内医疗机构国际化进程的前列。

2016年11月，浙江大学医学院附属邵逸夫医院携手金蝶医疗上线了患者移动服务平台，全流程打通了患者从门诊到住院的移动服务。

2018年，该院上线院内导航、在线体检预约、在线检查预约功能。截至2018年11月，该院线上移动服务平台绑卡用户总数达61万人，单日预约挂号数量数千次，累计预约挂号80多万次，累计交易金额数亿元，为患者节约就诊时间合计约为63年。

此外，2018年9月，浙江大学医学院附属邵逸夫医院还作为案例，其院长蔡秀军还专门分享了如何构建“互联网+医疗健康”平台，比如这些年医院在互联网医疗和远程医疗方面的实践效果。

案例四：湖南中医药大学第一附属医院的患者移动服务平台，上线2年交易总金额高达3.5亿元

湖南中医药大学第一附属医院创建于1963年，是“七五”期间全国七所重点建设的中医院之一，2008年入选国家中医临床研究基地，2017年入选国家中医药传承创新工程建设单位。该院是湖南省首家三级甲等中医医院、湖南省中医及中西医结合医、教、研中心和龙头，医院的中医特色和综合能力建设已跻身全国中医医院先进水平。

“移动互联网医院——患者移动服务平台”上线之后，湖南中医药大学第一附属医院成为湖南首家省级移动互联网中医院。除了上线移动服务外，该院也更加注重医疗数据安全与患者隐私保护，采用了基于Apusic①中间件的院内私有云部署，以及白名单授权使用机制，以确保患者信息安全。

从2016年8月8日上线推广至2018年11月，湖南中医药大学第一附属医院各项数据表现异常优秀，用户数累计超过43万人次，日均移动支付金额高于100万元，门诊移动支付金额占门诊总收入比例超过60%，挂号总次数达到46.8万次，交易总次数达到135万次，交易总金额高达3.5亿元。

---

① Apusic中间件：Apusic中间件包含全面支持开放的J2EE规范的Apusic应用服务器，以及构建于其上的Apusic BOS企业级应用开发平台。Apusic中间件是完全自主知识产权软件产品，为国内电子政务、电子商务及行业应用提供优质、高效的软件开发、部署、运行及管理平台。

案例五：德阳市人民医院的专属医生在线咨询服务，几个月上线医生 260 多人

德阳市人民医院始建于 1943 年，2003 年成功创建国家三级甲等医院。医院专业设置齐全、设备先进，集医疗、教学、科研、健康管理为一体。该院入选全国临床路径试点医院，连续四年被评为全国“改善医疗服务示范单位”，连续六年跨入中国医院竞争力地级城市医院排名 100 强，2018 年 1 月荣膺中国医院竞争力五星级医院，先后获得多项殊荣。

为了给患者提供更专业便捷的医疗指导，进一步缓解门诊就诊压力，德阳市人民医院 2018 年 6 月上线了金蝶医疗专属医生在线咨询服务，患者只需要关注该院官方公众号，就可以进行网络就诊，享受“在线咨询”服务。

该服务上线短短几个月，上线医生 260 多人，日咨询数量 60 多条，累计订单 9000 多个，累计交易金额达到 17 万元，涌现出了一批 5 星级优秀医生代表。

案例六：驻马店市第一人民医院，多方合作上线在线处方

驻马店市第一人民医院创建于 1951 年，是一所集医疗、预防、教学、科研、康复为一体的综合性多学科三级医院。近年来，该院引进管理新模式、突出人才战略、加强专科建设、创新服务理念，使医院的社会效益和经济效益得到同步增长，先后荣获“省级卫生先进单位”“河南省行风评议先进单位”等荣誉称号。

2018 年 9 月，驻马店市第一人民医院、国药控股、金蝶医疗合作上线在线处方配送业务。基于金蝶医疗的信息平台，医院医生可在线干预电子处方，并将药品通过快递的方式配送给患者。

除此之外，医生还可以对自己的患者进行自定义标签分组，用手机查看患者病历、检验检查报告等，进行长期跟踪管理、在线随访，以保证护理质量，不仅患者就医取药更方便，还降低了药品管理与流通成本。

此外，还有北京大学第三医院、西京医院、昆明医科大学附属第一医院等 3000 多家医院与医疗卫生机构通过与金蝶医疗的合作，不同程度地改善了医疗服务和患者就医体验。

推荐作者得新书！

博瑞森征稿启事

亲爱的读者朋友：

感谢您选择了博瑞森图书！希望您手中的这本书能给您带来实实在在的帮助！

博瑞森一直致力于发掘好作者、好内容，希望能把您最需要的思想、方法，一字一句地交到您手中，成为管理知识与管理实践的桥梁。

但是我们也知道，有很多深入企业一线、经验丰富、乐于分享的优秀专家，或者忙于实战没时间，或者缺少专业的写作指导和便捷的出版途径，只能茫然以待……

还有很多在竞争大潮中坚守的企业，有着异常宝贵的实践经验和独特的洞察，但缺少专业的记录和整理者，无法让企业的经验和故事被更多的人了解、学习……

对读者而言，这些都太遗憾了！

博瑞森非常希望能将这些埋藏的“宝藏”发掘出来，贡献给广大读者，让更多的人从中受益。

所以，我们真心地邀请您，我们的老读者，帮我们搜寻：

推荐作者

可以是您自己或您的朋友，只要对本土管理有实践、有思考；可以是您通过网络、杂志、书籍或其他途径了解的某位专家，不管名气大小，只要他的思想和方法曾让您深受启发。

可以是管理类作品，也可以超出管理，各类优秀的社科作品或学术作品。

推荐企业

可以是您自己所在的企业，或者是您熟悉的某家企业，其创业过程、运营经历、产品研发、机制创新，等等。无论企业大小，只要乐于分享、有值得借鉴书写之处。

总之，好内容就是一切！

博瑞森绝非“自费出书”，出版费用完全由我们承担。您推荐的作者或企业案例一经采用，我们会立刻向您赠送书币 1000 元，可直接换取任何博瑞森图书的纸书或电子书。

感谢您对本土管理原创、博瑞森图书的支持！

推荐投稿邮箱：bookgood@126.com　　推荐手机：13611149991

1120 本土管理实践与创新论坛

这是由 100 多位本土管理专家联合创立的企业管理实践学术交流组织，旨在孵化本土管理思想、促进企业管理实践、加强专家间交流与协作。

论坛每年集中力量办好两件大事：第一，“**出一本书**”，汇聚一年的思考和实践，把最原创、最前沿、最实战的内容集结成册，贡献给读者；第二，“**办一次会**”，每年 11 月 20 日本土管理专家们汇聚一堂，碰撞思想、研讨案例、交流切磋、回馈社会。

论坛理事名单（以年龄为序，以示传承之意）

首届常务理事：

彭志雄　曾 伟　施 炜　杨 涛　张学军　郭 晓　程绍珊　胡八一
王祥伍　李志华　陈立云　杨永华

理　事：

张再林　卢根鑫　刘文瑞　王铁仁　周荣辉　罗 珉　房西苑　曾令同
黄民兴　陆和平　孟广桥　宋杼宸　张国祥　刘承元　叶兴平　曹子祥
宋新宇　吴越舟　吴 坚　杜建君　戴欣明　仲昭川　刘春雄　刘祖轲
张茂泽　段继东　陈立胜　梁 涛　何 慕　秦国伟　贺兵一　罗海容
张小虎　陈忠建　郭 剑　余晓雷　黄中强　朱玉童　沈 坤　阎立忠
张 进　丁兴良　朱仁健　薛宝峰　史贤龙　卢 强　史幼波　黄剑黎
叶敦明　王 涛　李文才　王 强　张远凤　陈 明　廖信琳　岑立聪
方 刚　何足奇　周 俊　杨 奕　孙行健　孙嘉晖　张东利　郭富才
叶 宁　何 屹　沈 奎　王明胤　王 超　马宝琳　谭长春　杨竣雄
夏惊鸣　张 博　段传敏　李洪道　胡浪球　孙 波　唐江华　程 翔
翟玉忠　刘红明　杨鸿贵　伯建新　高可为　李 蓓　王春强　孔祥云
戴 勇　贾同领　罗宏文　张兵武　史立臣　李政权　余 盛　陈小龙
尚 锋　邢 雷　余伟辉　李小勇　苗庆显　孙 巍　陈继展　全怀周
林延君　王清华　初勇钢　陈 锐　高继中　聂志新　黄 屹　沈 拓
徐伟泽　潦 寒　谭洪华　崔自三　王玉荣　蒋 军　侯军伟　黄润霖
朱伟杰　金国华　吴 之　葛新红　周 剑　崔海鹏　李治江　陈海超
柏 龑　唐道明　刘书生　朱志明　曲宗恺　杜 忠　黄渊明　王献永
范月明　吕 林　刘文新　赵晓萌　张 伟　韩 旭　韩友诚　熊亚柱
秦海林　孙彩军　刘 雷　贺小林　王庆云　黄 娜　俞士耀　田 军
丁 昀　张小峰　黄 磊　罗晓慧　赵海永　伏泓霖　任彭枞　梁小平
鄢圣安　马方旭　乐 涛　杨晓燕　欧阳莉华　陈 慧　张 璐

企业案例·老板传记

	书名．作者	内容/特色	读者价值
企业案例·老板传记	**你不知道的加多宝：原市场部高管讲述** 曲宗恺　牛玮娜　著	前加多宝高管解读加多宝	全景式解读，原汁原味
	借力咨询：德邦成长背后的秘密 官同良　王祥伍　著	讲述德邦是如何借助咨询公司的力量进行自身与发展的	来自德邦内部的第一线资料，真实、珍贵，令人受益匪浅
	娃哈哈区域标杆：豫北市场营销实录 罗宏文　赵晓萌　等著	本书从区域的角度来写娃哈哈河南分公司豫北市场是怎么进行区域市场营销，成为娃哈哈全国第一大市场、全国增量第一高市场的一些操作方法	参考性、指导性，一线真实资料
	六个核桃凭什么：从0过100亿 张学军　著	首部全面揭秘养元六个核桃裂变式成长的巨著	学习优秀企业的成长路径，了解其背后的理论体系
	像六个核桃一样：打造畅销品的36个简明法则 王　超　范　萍　著	本书分上下两篇：包括"六个核桃"的营销战略历程和36条畅销法则	知名企业的战略历程极具参考价值，36条法则提供操作方法
	解决方案营销实战案例 刘祖轲　著	用10个真案例讲明白什么是工业品的解决方案式营销，实战、实用	有干货、真正操作过的才能写得出来
	招招见销量的营销常识 刘文新　著	如何让每一个营销动作都直指销量	适合中小企业，看了就能用
	我们的营销真案例 联纵智达研究院　著	五芳斋粽子从区域到全国/诺贝尔瓷砖门店销量提升/利豪家具出口转内销/汤臣倍健的营销模式	选择的案例都很有代表性，实在、实操！
	中国营销战实录：令人拍案叫绝的营销真案例 联纵智达　著	51个案例，42家企业，38万字，18年，累计2000余人次参与……	最真实的营销案例，全是一线记录，开阔眼界
	双剑破局：沈坤营销策划案例集 沈　坤　著	双剑公司多年来的精选案例解析集，阐述了项目策划中每一个营销策略的诞生过程，策划角度和方法	一线真实案例，与众不同的策划角度令人拍案叫绝、受益匪浅
	宗：一位制造业企业家的思考 杨　涛　著	1993年创业，引领企业平稳发展20多年，分享独到的心得体会	难得的一本老板分享经验的书
	简单思考：AMT咨询创始人自述 孔祥云　著	著名咨询公司（AMT）的CEO创业历程中点点滴滴的经验与思考	每一位咨询人，每一位创业者和管理经营者，都值得一读
	边干边学做老板 黄中强　著	创业20多年的老板，有经验、能写、又愿意分享，这样的书很少	处处共鸣，帮助中小企业老板少走弯路
	三四线城市超市如何快速成长：解密甘雨亭 IBMG国际商业管理集团　著	国内外标杆企业的经验＋本土实践量化数据＋操作步骤、方法	通俗易懂，行业经验丰富，宝贵的行业量化数据，关键思路和步骤
	中国首家未来超市：解密安徽乐城 IBMG国际商业管理集团　著	本书深入挖掘了安徽乐城超市的试验案例，为零售企业未来的发展提供了一条可借鉴之路	通俗易懂，行业经验丰富，宝贵的行业量化数据，关键思路和步骤

互联网＋

	书名．作者	内容/特色	读者价值
互联网＋	**新营销** 刘春雄　著	新营销的新框架体系是场景是产品逻辑，IP是品牌逻辑，社群是连接逻辑，传播是营销逻辑	助力品牌商实现由传统营销到新营销的理念和行动的跨越，助力企业打赢升级转型之仗
	企业微信营销全指导 孙　巍　著	专门给企业看到的微信营销书，手把手教企业从小白到微信营销专家	企业想学微信营销现在还不晚，两眼一抹黑也不怕，有这本书就够

续表

互联网+	**企业网络营销这样做才对:B2B大宗B2C** 张　进　著	简单直白拿来就用,各种窍门信手拈来,企业网络营销不麻烦也不用再头疼,一般人不告诉他	B2B、大宗B2C企业有福了,看了就能学会网络营销
	互联网时代的银行转型 韩友诚　著	以大量案例形式为读者全面展示和分析了银行的互联网金融转型应对之道	结合本土银行转型发展案例的书籍
	正在发生的转型升级·实践 本土管理实践与创新论坛　著	企业在快速变革期所展现出的管理变革新成果、新方法、新案例	重点突出对于未来企业管理相关领域的趋势研判
	触发需求:互联网新营销样本·水产 何足奇　著	传统产业都在苦闷中挣扎前行,本书通过鲜活的案例告诉你如何以需求链整合供应链,从而把大家熟知的传统行业打碎了重构、重做一遍	全是干货,值得细读学习,并且作者的理论已经经过了他亲自操刀的实践检验,效果惊人,就在书中全景展示
	移动互联新玩法:未来商业的格局和趋势 史贤龙　著	传统商业、电商、移动互联,三个世界并存,这种新格局的玩法一定要懂	看清热点的本质,把握行业先机,一本书搞定移动互联网
	微商生意经:真实再现33个成功案例操作全程 伏泓霖　罗晓慧　著	本书为33个真实案例,分享案例主人公在做微商过程中的经验教训	案例真实,有借鉴意义
	阿里巴巴实战运营——14招玩转诚信通 聂志新　著	本书主要介绍阿里巴巴诚信通的十四个基本推广操作,从而帮助使用诚信通的用户及企业更好地提升业绩	基本操作,很多可以边学边用,简单易学
	阿里巴巴实战运营2:诚信通热卖技巧 聂嵘海　著	诚信通TOP商家赚钱的密码箱,手把手教你操作,拿来就用	图文并茂,内容齐全,直接可以对照使用
	抖音营销如何做:未来抖商 刘大贺　著	解密从0到1亿粉丝的实操路径,深度剖析抖音营销全系统策略	企业做抖音营销的第一书
	微商团队长:从入门到精通 罗品牌　著	由浅入深,涵盖微商团队长必学技能的方方面面	只要照着做,就能当好微商团队长
	互联网精准营销 蒋　军　著	怎么在互联网时代整体策划、包装品牌和产品,并在此基础上为企业设计商业模式,技术实现并运营落地	为有基础的小微企业(大企业的新项目)1年实现销售额过亿,2年对接资本,3年左右准IPO
	今后这样做品牌:移动互联时代的品牌营销策略 蒋　军　著	与移动互联紧密结合,告诉你老方法还能不能用,新方法怎么用	今后这样做品牌就对了
	互联网+"变"与"不变":本土管理实践与创新论坛集萃·2016 本土管理实践与创新论坛　著	本土管理领域正在产生自己独特的理论和模式,尤其在移动互联时代,有很多新课题需要本土专家们一起研究	帮助读者拓宽眼界、突破思维
	创造增量市场:传统企业互联网转型之道 刘红明　著	传统企业需要用互联网思维去创造增量,而不是用电子商务去转移传统业务的存量	教你怎么在"互联网+"的海洋中创造实实在在的增量
	重生战略:移动互联网和大数据时代的转型法则 沈　拓　著	在移动互联网和大数据时代,传统企业转型如同生命体打算与再造,称之为"重生战略"	帮助企业认清移动互联网环境下的变化和应对之道
	画出公司的互联网进化路线图:用互联网思维重塑产品、客户和价值 李　蓓　著	18个问题帮助企业一步步梳理出互联网转型思路	思路清晰、案例丰富,非常有启发性
	7个转变,让公司3年胜出 李　蓓　著	消费者主权时代,企业该怎么办	这就是互联网思维,老板有能这样想,肯定倒不了
	跳出同质思维,从跟随到领先 郭　剑　著	66个精彩案例剖析,帮助老板突破行业长期思维惯性	做企业竟然有这么多玩法,开眼界

续表

行业类：零售、白酒、食品/快消品、农业、医药、建材家居等

	书名．作者	内容/特色	读者价值
零售·超市·餐饮·服装	**总部有多强大，门店就能走多远** IBMG 国际商业管理集团　著	如何把总部做强，成为门店的坚实后盾	了解总部建设的方法与经验
	超市卖场定价策略与品类管理 IBMG 国际商业管理集团　著	超市定价策略与品类管理实操案例和方法	拿来就能用的理论和工具
	连锁零售企业招聘与培训破解之道 IBMG 国际商业管理集团　著	围绕零售企业组织架构、培训体系建设等内容进行深刻探讨	破解人才发现和培养瓶颈的关键点
	中国首家未来超市：解密安徽乐城 IBMG 国际商业管理集团　著	介绍了乐城作为中国首家未来超市从无到有的传奇经历	了解新型零售超市的运作方式及管理特色
	三四线城市超市如何快速成长：解密甘雨亭 IBMG 国际商业管理集团　著	揭秘一家三四线连锁超市的经验策略	不但可以欣赏它的优点，而且可以学会它成功的方法
	新零售　新终端 迪智成咨询团队　著	梳理和提炼新零售的系统打法，将之落地在新终端建设上	让新零售这一看似形而上的商业概念有了可以落地的立足点
	新零售动作分解：建材　家居家具 盛斌子　著	第一本锁定在家居建材、家电、家装等耐用消费品领域谈新零售的书	第一本谈新零售的具体动作、策略、方法、招术的书，拿来就用
	新零售进化趋势与未来格局 李政权　著	通过业态、品类、体验、场景等，逐一呈现新零售的未来进化	就新零售未来的发展方向与进化趋势给出一个确定性的未来
	涨价也能卖到翻 村松达夫　【日】	提升客单价的 15 种实用、有效的方法	日本企业在这方面非常值得学习和借鉴
	移动互联下的超市升级 联商网专栏频道　著	深度解析超市转型升级重点	帮助零售企业把握全局、看清方向
	手把手教你做专业督导：专卖店、连锁店 熊亚柱　著	从督导的职能、作用，在工作中需要的专业技能、方法，都提供了详细的解读和训练办法，同时附有大量的表单工具	无论是店铺需要统一培训，还是个人想成为优秀的督导，有这一本就够了
	百货零售全渠道营销策略 陈继展　著	没有照本宣科、说教式的絮叨，只有笔者对行业的认知与理解，庖丁解牛式的逐项解析、展开	通俗易懂，花极少的时间快速掌握该领域的知识及趋势
	零售：把客流变成购买力 丁　昀　著	如何通过不断升级产品和体验式服务来经营客流	如何进行体验营销，国外的好经营，这方面有启发
	餐饮企业经营策略第一书 吴　坚　著	分别从产品、顾客、市场、盈利模式等几个方面，对现阶段餐饮企业的发展提出策略和思路	第一本专业的、高端的餐饮企业经营指导书
	餐饮新营销 杨　勇　程绍珊　著	在新环境下，对餐饮营销管理进行了全面深入的解读，提供了方式方法	全面性、系统性，区别于市面上的纯操作类作品
	电影院的下一个黄金十年：开发·差异化·案例 李保煜　著	对目前电影院市场存大的问题及如何解决进行了探讨与解读	多角度了解电影院运营方式及代表性案例
	赚不赚钱靠店长：从懂管理到会经营 孙彩军　著	通过生动的案例来进行剖析，注重门店管理细节方面的能力提升	帮助终端门店店长在管理门店的过程中实现经营思路的拓展与突破
耐消品	**商用车经销商运营实战** 杜建君　王朝阳　章晓青　等著	从管理到经营，从销售到服务，系统化运作全指导	为经销商经营开阔思路，掌握方法
	汽车配件这样卖：汽车后市场销售秘诀 100 条 俞士耀　著	汽配销售业务员必读，手把手教授最实用的方法，轻松得来好业绩	快速上岗，专业实效，业绩无忧

续表

耐消品	**润滑油销售:这样说这样做更有效** 张金荣　著	针对渠道、经销商、终端的超实用话术	上车看,下车用,3 分钟就能学会。
	新经销:新零售时代,教你做大商 黄润霖　著	从选址、产品、促销、团队、规模阐述新经销变与不变的市场手法和操作思路	实地拜访近 100 位经销商在传统营销手法上的创新、新营销工具的发现
	珠宝黄金新营销 崔德乾　著	营销、品牌、产品、连接、场景、社群、服务、传播、管理及产业价值链	新营销在珠宝行业的实战应用,业内必备第一书
	跟行业老手学经销商开发与管理:家电、耐消品、建材家居 黄润霖　著	全部来源于经销商管理的一线问题,作者用丰富的经验将每一个问题落实到最便捷快速的操作方法上去	书中每一个问题都是普通营销人亲口提出的,这些问题你也会遇到,作者进行的解答则精彩实用
白酒	**酒水饮料快消品餐饮渠道营销手册** 朱伟杰　著	主要针对快消品(酒水、饮料)的餐饮渠道,提供了区域、商圈、不同业态的规划和促销安排等多种工具,并提出了经销商、批发商等相关人员的管理方法	一本酒水饮料如何在餐饮渠道销售的全能手册,内容深入翔实,可以直接照搬套用,这样的便利简直千金不换
	白酒到底如何卖 赵海永　著	以市场实战为主,多层次、全方位、多角度地阐释了白酒一线市场操作的最新模式和方法,接地气	实操性强,37 个方法、6 大案例帮你成功卖酒
	变局下的白酒企业重构 杨永华　著	帮助白酒企业从产业视角看清趋势,找准位置,实现弯道超车的书	行业内企业要减少 90%,自己在什么位置,怎么做,都清楚了
	1. 白酒营销的第一本书(升级版) **2. 白酒经销商的第一本书** 唐江华　著	华泽集团湖南开口笑公司品牌部长,擅长酒类新品推广、新市场拓展	扎根一线,实战
	区域型白酒企业营销必胜法则 朱志明　著	为区域型白酒企业提供 35 条必胜法则,在竞争中赢销的葵花宝典	丰富的一线经验和深厚积累,实操实用
	10 步成功运作白酒区域市场 朱志明　著	白酒区域操盘者必备,掌握区域市场运作的战略、战术、兵法	在区域市场的攻伐防守中运筹帷幄,立于不败之地
	酒业转型大时代:微酒精选 2014－2015 微酒　主编	本书分为五个部分:当年大事件、那些酒业营销工具、微酒独立策划、业内大调查和十大经典案例	了解行业新动态、新观点,学习营销方法
快消品·食品	**中国快消品营销的这些年** 史贤龙　著	作者精华文章的合集,一本书浓缩了过去十五年,中国营销的实战历程与前沿思考	快消品营销行业的案例和方法都原汁原味呈现,在反映当时风貌的同时,展望与反思
	营销中国茶:2 小时读懂茶叶营销 史贤龙　著	从不同视角对中国的茶营销进行了思考,内容涉及中国茶产业战略困境、茶企规模化、茶品牌崛起、茶文化、茶营销、茶消费、茶零售、茶道等	内容丰富扎实,文字流畅,浓缩的都是精华,让你 2 小时读懂茶叶营销
	这样打造快消品标杆市场 罗宏文　著	帮助你解决如何成功打造标杆市场和进行持续增量管理两大问题	一套系统的方法论,通俗易懂,可以直接套用
	5 小时读懂快消品营销:中国快消品案例观察 陈海超　著	多年营销经验的一线老手把案例掰开了、揉碎了,从中得出的各种手段和方法给读者以帮助和启发	营销那些事儿的个中秘辛,求人还不一定告诉你,这本书里就有
	快消品招商的第一本书:从入门到精通 刘　雷　著	深入浅出,不说废话,有工具方法,通俗易懂	让零基础的招商新人快速学习书中最实用的招商技能,成长为骨干人才
	乳业营销第一书 侯军伟　著	对区域乳品企业生存发展关键性问题的梳理	唯一的区域乳业营销书,区域乳品企业一定要看

续表

快消品·食品	金龙鱼背后的粮油帝国 余　盛　著	讲述金龙鱼品牌及母公司丰益国际的商业冒险故事	在精彩的阅读体验中学到营销管理的方法
	食用油营销第一书 余　盛　著	10 多年油脂企业工作经验，从行业到具体实操	食用油行业第一书，当之无愧
	中国茶叶营销第一书 柏　龑　著	如何跳出茶行业“大文化小产业”的困境，作者给出了自己的观察和思考	不是传统做茶的思路，而是现在商业做茶的思路
	调味品企业八大必胜法则 张　戟　著	八大规律性的关键成功要素，背后都有本土调味品企业的成功实践	“观点阐述＋案例描述”，行业必读
	调味品营销第一书 陈小龙　著	国内唯一一本调味品营销的书	唯一的调味品营销的书，调味品的从业者一定要看
	快消品营销人的第一本书：从入门到精通 刘　雷　伯建新　著	快消行业必读书，从入门到专业	深入细致，易学易懂
	变局下的快消品营销实战策略 杨永华　著	通胀了，成本增加，如何从被动应战变成主动的“系统战”	作者对快消品行业非常熟悉、非常实战
	快消品经销商如何快速做大 杨永华　著	本书完全从实战的角度，评述现象，解析误区，揭示原理，传授方法	为转型期的经销商提供了解决思路，指出了发展方向
	快消品营销：一位销售经理的工作心得 2 蒋　军　著	快消品、食品饮料营销的经验之谈，重点图书	来源与实战的精华总结
	快消品营销与渠道管理 谭长春　著	将快消品标杆企业渠道管理的经验和方法分享出来	可口可乐、华润的一些具体的渠道管理经验，实战
	成为优秀的快消品区域经理（升级版） 伯建新　著	用“怎么办”分析区域经理的工作关键点，增加 30% 全新内容，更贴近环境变化	可以作为区域经理的“速成催化器”
	销售轨迹：一位快消品营销总监的拼搏之路 秦国伟　著	本书讲述了一个普通销售员打拼成为跨国企业营销总监的真实奋斗历程	激励人心，给广大销售员以力量和鼓舞
	快消老手都在这样做：区域经理操盘锦囊 方　刚　著	非常接地气，全是多年沉淀下来的干货，丰富的一线经验和实操方法不可多得	在市场摸爬滚打的“老油条”，那些独家绝招妙招一般你问都是问不来的
	动销四维：全程辅导与新品上市 高继中　著	从产品、渠道、促销和新品上市详细讲解提高动销的具体方法，总结作者 18 年的快消品行业经验，方法实操	内容全面系统，方法实操
农业	饲料营销有方法：策略　案例　工具 陈石平　著	跳出饲料看饲料，根据饲料营销的关键成功要素（KSF）提出 7 大核心命题	紧跟农牧产业发展大势，提高饲料企业营销竞争力
	新农资如何换道超车 刘祖轲　等著	从农业产业化、互联网转型、行业营销与经营突破四个方面阐述如何让农资企业占领先机、提前布局	南方略专家告诉你如何应对资源浪费、生产效率低下、产能严重过剩、价格与价值严重扭曲等
	中国牧场管理实战：畜牧业、乳业必读 黄剑黎　著	本书不仅提供了来自一线的实际经验，还收入了丰富的工具文档与表单	填补空白的行业必读作品
	中小农业企业品牌战法 韩　旭　著	将中小农业企业品牌建设的方法，从理论讲到实践，具有指导性	全面把握品牌规划，传播推广，落地执行的具体措施
	农资营销实战全指导 张　博　著	农资如何向“深度营销”转型，从理论到实践进行系统剖析，经验资深	朴实、使用！不可多得的农资营销实战指导
	农产品营销第一书 胡浪球　著	从农业企业战略到市场开拓、营销、品牌、模式等	来源于实践中的思考，有启发
	变局下的农牧企业 9 大成长策略 彭志雄　著	食品安全、纵向延伸、横向联合、品牌建设……	唯一的农牧企业经营实操的书，农牧企业一定要看

续表

医药	**在中国,医药营销这样做:时代方略精选文集** 段继东　主编	专注于医药营销咨询15年,将医药营销方法的精华文章合编,深入全面	可谓医药营销领域的顶尖著作,医药界读者的必读书
	医药新营销:制药企业、医药商业企业营销模式转型 史立臣　著	医药生产企业和商业企业在新环境下如何做营销? 老方法还有没有用? 如何寻找新方法? 新方法怎么用? 本书给你答案	内容非常现实接地气,踏实谈问题说方法
	医药企业转型升级战略 史立臣　著	药企转型升级有5大途径,并给出落地步骤及风险控制方法	实操性强,有作者个人经验总结及分析
	新医改下的医药营销与团队管理 史立臣　著	探讨新医改对医药行业的系列影响和医药团队管理	帮助理清思路,有一个框架
	医药营销与处方药学术推广 马宝琳　著	如何用医学策划把"平民产品"变成"明星产品"	有真货、讲真话的作者,堪称处方药营销的经典!
	医药行业大洗牌与药企创新 林延君　沈　斌　著	一方面,围绕着变革,多角度阐述药企的应对之道;另一方面,紧扣实践,介绍近百家医药企业创新实践案例	医改变革10年,医药企业如何应对大洗牌? 重磅出击的药企人必读书
	新医改了,药店就要这样开 尚　锋　著	药店经营、管理、营销全攻略	有很强的实战性和可操作性
	电商来了,实体药店如何突围 尚　锋　著	电商崛起,药店该如何突围? 本书从促销、会员服务、专业性、客单价等多重角度给出了指导方向	实战攻略,拿来就能用
	OTC医药代表药店销售36计 鄢圣安　著	以《三十六计》为线,写OTC医药代表向药店销售的一些技巧与策略	案例丰富,生动真实,实操性强
	OTC医药代表药店开发与维护 鄢圣安　著	要做到一名专业的医药代表,需要做什么、准备什么、知识储备、操作技巧等	医药代表药店拜访的指导手册,手把手教你快速上手
	引爆药店成交率1:店员导购实战 范月明　著	一本书解决药店导购所有难题	情景化、真实化、实战化
	引爆药店成交率2:经营落地实战 范月明　著	最接地气的经营方法全指导	揭示了药店经营的几类关键问题
	引爆药店成交率:专业化销售解决方案 范月明　著	药品搭配分析与关联销售	为药店人专业化助力
	处方药合规推广实战宝典 赵佳震　著	推广体系搭建、推广人员岗位工作内容、推广服务外包商管理等六个方面	解决"医药代表转型"和"推广服务外包商管理"的困惑
	医药代理商实操全指导:新环境　新战法 戴文杰　著	结合医药市场政策环境解读新环境下医药招商的战法,着重分析药品产业链的盈利机会	医药销售业务人员的必备读物
	攻略基层诊所:医药营销这样做 张江民　著	对基层诊所的开发、维护和动销,拿来就用的方式方法	实战是本书的主旨,只要用心去看,就能在基层诊所市场中运用
	互联网医药的未来 动脉网　编著	介绍了互联网医药发展的现状与趋势	帮助创业者和投资人看清未来,把握当下
	处方药零售这样做 田　军　著	阐述了处方药零售的重要性,以及做处方药零售市场的具体措施和方法	系统性了解和掌握处方药零售方法
建材家居	**成为最赚钱的家具建材经销商** 李治江　著	从销售模式、产品、门店等老板们最关注和最需要的方面解决问题、提供方法	只要你是建材、家具、家居用品的经销商老板,这就是一本必读的书
	定制家居黄金十年 韩　锋　翁长华　著	梳理了定制家居的商业模式和发展情况	帮助定制家居看清方向,把握当下
	家具建材促销与引流 薛　亮　李永峰　著	十大促销模式的详细方法和工具	让你天天签大单

续表

建材家居	**家具行业操盘手** 王献永　著	家具行业问题的终结者	解决了干家具还有没有前途？为什么同城多店的家具经销商很难做大做强等问题
	建材家居营销：除了促销还能做什么 孙嘉晖　著	一线老手的深度思考，告诉你在建材家居营销模式基本停滞的今天，除了促销，营销还能怎么做	给你的想法一场革命
	建材家居营销实务 程绍珊　杨鸿贵　主编	价值营销运用到建材家居，每一步都让客户增值	有自己的系统、实战
	家居建材门店6力爆破 贾同领　著	合盘道出一线品牌销量秘籍	6力招招见血，既有招数，又有策略
	建材家居门店销量提升 贾同领　著	店面选址、广告投放、推广助销、空间布局、生动展示、店面运营等	门店销量提升是一个系统工程，非常系统、实战
	10步成为最棒的建材家居门店店长 徐伟泽　著	实际方法易学易用，让员工能够迅速成长，成为独当一面的好店长	只要坚持这样干，一定能成为好店长
	手把手帮建材家居导购业绩倍增：成为顶尖的门店店员 熊亚柱　著	生动的表现形式，让普通人也能成为优秀的导购员，让门店业绩长红	读着有趣，用着简单，一本在手、业绩无忧
	建材家居经销商实战42章经 王庆云　著	告诉经销商：老板怎么当、团队怎么带、生意怎么做	忠言逆耳，看着不舒服就对了，实战总结，用一招半式就值了
工业品	**销售是门专业活：B2B、工业品** 陆和平　著	销售流程就应该跟着客户的采购流程和关注点的变化向前推进，将一个完整的销售过程分成十个阶段，提供具体方法	销售不是请客吃饭拉关系，是个专业的活计！方法在手，走遍天下不愁
	解决方案营销实战案例 刘祖轲　著	用10个真案例讲明白什么是工业品的解决方案式营销，实战、实用	有干货、真正操作过的才能写得出来
	变局下的工业品企业7大机遇 叶敦明　著	产业链条的整合机会、盈利模式的复制机会、营销红利的机会、工业服务商转型机会……	工业品企业还可以这样做，思维大突破
	工业品市场部实战全指导 杜　忠　著	工业品市场部经理工作内容全指导	系统、全面、有理论、有方法，帮助工业品市场部经理更快提升专业能力
	工业品营销管理实务 李洪道　著	中国特色工业品营销体系的全面深化、工业品营销管理体系优化升级	工具更实战，案例更鲜活，内容更深化
	工业品企业如何做品牌 张东利　著	为工业品企业提供最全面的品牌建设思路	有策略、有方法、有思路、有工具
	丁兴良讲工业4.0 丁兴良　著	没有枯燥的理论和说教，用朴实直白的语言告诉你工业4.0的全貌	工业4.0是什么？本书告诉你答案
	资深大客户经理：策略准，执行狠 叶敦明　著	从业务开发、发起攻势、关系培育、职业成长四个方面，详述了大客户营销的精髓	满满的全是干货
	两化融合管理系统贯标流程与方法 戴　勇　张华杰　张百荣　编著	全面梳理贯标流程和方法	帮助企业成功贯标
	一切为了订单：订单驱动下的工业品营销实战 唐道明　著	其实，所有的企业都在围绕着两个字在开展全部的经营和管理工作，那就是“订单”	开发订单、满足订单、扩大订单。本书全是实操方法，字字珠玑、句句干货，教你获得营销的胜利
金融	**交易心理分析** （美）马克·道格拉斯　著 刘真如　译	作者一语道破赢家的思考方式，并提供了具体的训练方法	不愧是投资心理的第一书，绝对经典
	精品银行管理之道 崔海鹏　何　屹　主编	中小银行转型的实战经验总结	中小银行的教材很多，实战类的书很少，可以看看

续表

金融	**支付战争** Eric M. Jackson 著 徐 彬 王 晓 译	PayPal 创业期营销官，亲身讲述 PayPal 从诞生到壮大到成功出售的整个历史	激烈、有趣的内幕商战故事！了解美国支付市场的风云巨变
	中外并购名著专业阅读指南 叶兴平 等著	在 5000 多本并购类图书中精选的 200 著作，在阅读的基础上写的读书评价	精挑细选 200 本并一一评介，省去读者挑选的烦恼，快捷、高效
	新三板信息披露全流程：操作与工具 和珩科技 著	详细拆解董秘日常工作过程中所需的信息披露流程	董秘案头必备用书
	成功并购 300 本：一本书搞定并购难题 浩德军师并购联盟 著	从财务，税务，法律等角度详细解答疑问	能解决 80% 的并购问题
	互联网时代的银行转型 韩友诚 著	以大量案例形式为读者全面展示和分析了银行的互联网金融转型应对之道	结合本土银行转型发展案例的书籍
房地产	**产业园区/产业地产规划、招商、运营实战** 阎立忠 著	目前中国第一本系统解读产业园区和产业地产建设运营的实战宝典	从认知、策划、招商到运营全面了解地产策划
	人文商业地产策划 戴欣明 著	城市与商业地产战略定位的关键是不可复制性，要发现独一无二的"味道"	突破千城一面的策划困局
	中国城市群房地产投资策略 吕俊博 著	全方位、多角度分析城市群房地产现状是趋势	让亿元资产投资更理性、更安全
	电影院的下一个黄金十年：开发·差异化·案例 李保煜 著	对目前电影院市场存大的问题及如何解决进行了探讨与解读	多角度了解电影院运营方式及代表性案例
能源	**全能型班组：城市能源互联网与电力班组升级** 国网天津市电力公司 编著	借鉴国内外优秀企业的转型升级思路，通过对于新型班组组织模式和运行机制的大胆设想，力图构建充分适应内外环境变化的全能型班组	看看庞大的国企在新环境下是如何顺应时代的
	国网天津电力全能型班组建设实务 国网天津市电力公司 编著	本书聚焦于天津电力公司在探索全能型班组转型升级时的优秀实践	电力行业的班组实践，具体、可操作性强

经营类：企业如何赚钱，如何抓机会，如何突破，如何"开源"

	书名．作者	内容/特色	读者价值
抓方向	**让经营回归简单．升级版** 宋新宇 著	化繁为简抓住经营本质：战略、客户、产品、员工、成长	经典，做企业就这几个关键点！
	混沌与秩序Ⅰ：变革时代企业领先之道 **混沌与秩序Ⅱ：变革时代管理新思维** 彭剑锋 尚艳玲 主编	汇集华夏基石专家团队 10 年来研究成果，集中选择了其中的精华文章编纂成册	作者都是既有深厚理论积淀又有实践经验的重磅专家，为中国企业和企业家的未来提出了高屋建瓴的观点
	活系统：跟任正非学当老板 孙行健 尹 贤 著	以任正非的独到视角，教企业老板如何经营公司	看透公司经营本质，激活企业活力
	重构：快消品企业重生之道 杨永华 著	从 7 个角度，帮助企业实现系统性的改造	提供转型思想与方法，值得参考
	公司由小到大要过哪些坎 卢 强 著	老板手里的一张"企业成长路线图"	现在我在哪儿，未来还要走哪些路，都清楚了
	企业二次创业成功路线图 夏惊鸣 著	企业曾经抓住机会成功了，但下一步该怎么办？	企业怎样获得第二次成功，心里有个大框架了
	老板经理人双赢之道 陈 明 著	经理人怎养选平台、怎么开局，老板怎样选/育/用/留	老板生闷气，经理人牢骚大，这次知道该怎么办了

续表

抓方向	**简单思考:AMT 咨询创始人自述** 孔祥云　著	著名咨询公司(AMT)的 CEO 创业历程中点点滴滴的经验与思考	每一位咨询人,每一位创业者和管理经营者,都值得一读
	企业文化的逻辑 王祥伍　黄健江　著	为什么企业绩效如此不同,解开绩效背后的文化密码	少有的深刻,有品质,读起来很流畅
	使命驱动企业成长 高可为　著	钱能让一个人今天努力,使命能让一群人长期努力	对于想做事业的人,'使命'是绕不过去的
思维突破	**盈利原本就这么简单** 高可为　著	从财务的角度揭示企业盈利的秘密	多方面解读商业模式与盈利的关系,通俗易懂,受益匪浅
	经营:打造你的盈利系统 高可为　著	从盈利角度梳理了系统化的经营方式	让企业掌舵者把控经营全局
	创模式:23 个行业创新案例 段传敏　著	23 位行业精英的创新对话	创业者、转型者的实战参考
	企业良性成长:用顶层设计突破瓶颈 刘建兆　著	全方位介绍企业顶层设计的方法和思路	帮助企业用顶层设计突破成长瓶颈
	移动互联新玩法:未来商业的格局和趋势 史贤龙　著	传统商业、电商、移动互联,三个世界并存,这种新格局的玩法一定要懂	看清热点的本质,把握行业先机,一本书搞定移动互联网
	画出公司的互联网进化路线图:用互联网思维重塑产品、客户和价值 李　蓓　著	18 个问题帮助企业一步步梳理出互联网转型思路	思路清晰、案例丰富,非常有启发性
	重生战略:移动互联网和大数据时代的转型法则 沈　拓　著	在移动互联网和大数据时代,传统企业转型如同生命体打算与再造,称之为"重生战略"	帮助企业认清移动互联网环境下的变化和应对之道
	创造增量市场:传统企业互联网转型之道 刘红明　著	传统企业需要用互联网思维去创造增量,而不是用电子商务去转移传统业务的存量	教你怎么在"互联网 +"的海洋中创造实实在在的增量
	7 个转变,让公司 3 年胜出 李　蓓　著	消费者主权时代,企业该怎么办	这就是互联网思维,老板有能这样想,肯定倒不了
	跳出同质思维,从跟随到领先 郭　剑　著	66 个精彩案例剖析,帮助老板突破行业长期思维惯性	做企业竟然有这么多玩法,开眼界
	互联网+"变"与"不变":本土管理实践与创新论坛集萃·2016 本土管理实践与创新论坛　著	加速本土管理思想的孕育诞生,促进本土管理创新成果更好地服务企业、贡献社会	各个作者本年度最新思想,帮助读者拓宽眼界、突破思维
	消费升级:实践　研究(文集) 本土管理实践与创新论坛　著	38 位管理专家及 7 位学者的精华思想,从经营、管理、行业及思想研究四个方面阐述中国企业在消费升级下的实践与研究	思想启发,行业借鉴
财务	**写给企业家的公司与家庭财务规划——从创业成功到富足退休** 周荣辉　著	本书以企业的发展周期为主线,写各阶段企业与企业主家庭的财务规划	为读者处理人生各阶段企业与家庭的财务问题提供建议及方法,让家庭成员真正享受财富带来的益处
	互联网时代的成本观 程　翔　著	本书结合互联网时代提出了成本的多维观,揭示了多维组合成本的互联网精神和大数据特征,论述了其产生背景、实现思路和应用价值	在传统成本观下为盈利的业务,在新环境下也许就成为亏损业务。帮助管理者从新的角度来看待成本,进一步做好精益管理

续表

	书名.作者	内容/特色	读者价值
财务	财报背后的投资机会 蒋　豹　著	以具体的公司案例分析,教你迅速看出财务报表与企业经营的关系、所反映的企业经营现状,从而找到投资机会	前四大会计所员工为读者解密财报,发现投资机会
管理类:效率如何提升,如何实现经营目标,如何“节流”			
	书名.作者	内容/特色	读者价值
通用管理	让管理回归简单·升级版 宋新宇　著	从目标、组织、决策、授权、人才和老板自己层面教你怎样做管理	帮助管理抓住管理的要害,让管理变得简单
	让经营回归简单·升级版 宋新宇　著	从战略、客户、产品、员工、成长、经营者自身等七个方面,归纳总结出简单有效的经营法则	总结出的真正优秀企业的成功之道:简单
	让用人回归简单 宋新宇　著	从用人的原则、用人的难题与误区、用人的方法和用人者的修炼四大方面,总结出适合中小企业做好人才管理工作的法则	帮助管理者抓住用人的要害,让用人变得简单
	历史深处的管理智慧1:组织建设与用人之道 刘文瑞　著	对历史之典故、政事、人事、政制进行管理解析,鉴照企业人才的选用育留	推动理论与实践的对接,实现理性与情感的渗透,用中国话语说明管理智慧
	历史深处的管理智慧2:战略决策与经营运作 刘文瑞　著	对历史之典故、政事、人事、政制进行管理解析,鉴照企业战略设计与经营实践	推动理论与实践的对接,实现理性与情感的渗透,用中国话语说明管理智慧
	历史深处的管理智慧3:领导修炼与文化素养 刘文瑞　著	对历史之典故、政事、人事、政制进行管理解析,鉴照企业领导职业能力提升与文化修养	推动理论与实践的对接,实现理性与情感的渗透,用中国话语说明管理智慧
	管理的尺度 刘文瑞　著	对管理中的种种普遍性问题进行了批评	提高把握管理尺度的能力
	管理学在中国 刘文瑞　著	系统性介绍了管理学在中国的发展和演变	了解管理学在中国的发展脉络,更清晰理解管理学的本质
	看电影,懂管理 刘文瑞　著	16部经典电影,带你感悟管理智慧	能够帮助读者放松身心,驰骋想象,在不知不觉中增长智慧
	管理:以规则驾驭人性 王春强　著	详细解读企业规则的制定方法	从人与人博弈角度提升管理的有效性
	打造集成供应链:走出挂一漏十的改善困境 王春强　著	详解集成供应链全过程	帮助企业优化供应链管理
	用好骨干员工:关键人才培养与激励 王　敏　著	系统化分享关键人才打造与激励方法	企业能实在用人的最大化价值
	改变世界的管理学大师1:管理学的前世今生 刘文瑞　编著	介绍了古典管理学时期的大师事迹和思想	深入了解管理大师们的思想和智慧
	成为企业欢迎的咨询师 张国祥　著	从调研到落地,手把手教你咨询流程	不走弯路,方便直接的学到老咨询师的套路
	员工心理学超级漫画版 邢　雷　著	以漫画的形式深度剖析员工心理	帮助管理者更了解员工,从而更轻松地管理员工
	老板有想法,高层有干法:企业中的将帅之道 王清华　著	深入剖析老板与高管的异同	各司其职,各行其是,相辅相成
	分股合心:股权激励这样做 段磊　周剑　著	通过丰富的案例,详细介绍了股权激励的知识和实行方法	内容丰富全面、易读易懂,了解股权激励,有这一本就够了
	边干边学做老板 黄中强　著	创业20多年的老板,有经验、能写、又愿意分享,这样的书很少	处处共鸣,帮助中小企业老板少走弯路

续表

通用管理	**成为敏感而体贴的公司** 王　涛　著	本书为作者对企业的观察和冥想的随笔记录。从生活中的一个现象入手，进而探索现象背后的本质	从全新角度认识公司
	中国企业的觉醒：正直　善良　成长 王　涛　著	围绕着企业人如何发生转化展开，对中国人、中国文化及由此导致的企业现状的观察和思考	企业除了要利润，还需要道德
	有意识的思考：轻松化解问题的7个思考习惯 王　涛　著	本书是对思想、思考过程、思考方式进行的细致观察	养成好的思考习惯，更深刻地看问题
	中国式阿米巴落地实践之从交付到交易 胡八一　著	本书主要讲述阿米巴经营会计，“从交付到交易”，这是成功实施了阿米巴的标志	阿米巴经营会计的工作是有逻辑关联的，一本书就能搞定
	中国式阿米巴落地实践之激活组织 胡八一　著	重点讲解如何科学划分阿米巴单元，阐述划分的实操要领、思路、方法、技术与工具	最大限度减少“推行风险”和“摸索成本”，利于公司成功搭建适合自身的个性化阿米巴经营体系
	中国式阿米巴落地实践之持续盈利 胡八一　著	把企业做成平台，企业才能做大（格局）；把平台做成阿米巴，企业才能做强（专业）；把阿米巴做成合伙制，企业才能做久（机制）	中国式阿米巴落地实践三部曲的最后一部，告诉你企业如何做大做强做久
	集团化企业阿米巴实战案例 初勇钢　著	一家集团化企业阿米巴实施案例	指导集团化企业系统实施阿米巴
	阿米巴经营的中国模式 李志华　著	让员工从“要我干”到“我要干”，价值量化出来	阿米巴在企业如何落地，明白思路了
	欧博心法：好管理靠修行 曾　伟　著	用佛家的智慧，深刻剖析管理问题，见解独到	如果真的有‘中国式管理’，曾老师是其中标志性人物
	领导这样点燃你的下属 孟广桥　著	领导者如何才能让员工积极主动地工作？如何让你的员工和下属保持工作的热情，自动自发？看了这本书就知道	只要你希望手下的"兵将"永远充满工作的斗志，这本书将使你获益良多
流程管理	**1. 用流程解放管理者** **2. 用流程解放管理者2** 张国祥　著	中小企业阅读的流程管理、企业规范化的书	通俗易懂，理论和实践的结合恰到好处
	跟我们学建流程体系 陈立云　著	畅销书《跟我们学做流程管理》系列，更实操，更细致，更深入	更多地分享实践，分享感悟，从实践总结出来的方法论
	人人都要懂流程 金国华　余雅丽　著	当前各企业流程管理方面最为典型的痛点现象及问题案例	通俗易懂，适合企业全员阅读
质量管理	**IATF16949质量管理体系详解与案例文件汇编：TS16949转版IATF16949：2016** 谭洪华　著	针对IATF的新标准做了详细的解说，同时指出了一些推行中容易犯的错误，提供了大量的表单、案例	案例、表单丰富，拿来就用
	五大质量工具详解及运用案例：APQP/FMEA/PPAP/MSA/SPC 谭洪华　著	对制造业必备的五大质量工具中每个文件的制作要求、注意事项、制作流程、成功案例等进行了解读	通俗易懂、简便易行，能真正实现学以致用
	ISO9001：2015新版质量管理体系详解与案例文件汇编 谭洪华　著	紧密围绕2015年新版质量管理体系文件逐条详细解读，并提供可以直接套用的案例工具，易学易上手	企业质量管理认证、内审必备
	ISO14001：2015新版环境管理体系详解与案例文件汇编 谭洪华　著	紧密围绕2015年新版环境管理体系文件逐条详细解读，并提供可以直接套用的案例工具，易学易上手	企业环境管理认证、内审必备

续表

质量管理	**ISO9001:2015 完整文件汇编:制造业** 贺红喜　著	按照ISO9001标准并超出标准的要求,提供了一套完整的制造业的质量管理体系文件	原汁原味完整收入,直接可以拿来就用
	SA8000:2014 社会责任管理体系认证实战 吕　林　著	作者根据自己的操作经验,按认证的流程,以相关案例进行说明SA8000认证体系	简单,实操性强,拿来就能用
	精益质量管理实战工具 贺小林　著	制造类企业日常工作中所需要的精益管理工具的归纳整理,并进行案例操作的细致分析	可以直接参考,实际解决生产中的具体问题
战略落地	**重生——中国企业的战略转型** 施　炜　著	从前瞻和适用的角度,对中国企业战略转型的方向、路径及策略性举措提出了一些概要性的建议和意见	对企业有战略指导意义
	公司大了怎么管:从靠英雄到靠组织 AMT金国华　著	第一次详尽阐释中国快速成长型企业的特点、问题及解决之道	帮助快速成长型企业领导及管理团队理清思路,突破瓶颈
	低效会议怎么改:每年节省一半会议成本的秘密 AMT王玉荣　著	教你如何系统规划公司的各级会议,一本工具书	教会你科学管理会议的办法
	年初订计划,年尾有结果:战略落地七步成诗 AMT郭晓　著	7个步骤教会你怎么让公司制定的战略转变为行动	系统规划,有效指导计划实现
人力资源	**HRBP是这样炼成的之"菜鸟起飞"** 新　海　著	以小说的形式,具体解析HRBP的职责,应该如何操作,如何为业务服务	实践者的经验分享,内容实务具体,形式有趣
	HRBP是这样炼成的之中级修炼 新　海　著	本书以案例故事的方式,介绍了HRBP在实际工作中碰到的问题和挑战	书中的HR解决方案讲究因时因地制宜、简单有效的原则,重在启发读者思路,可供各类企业HRBP借鉴
	HRBP是这样炼成的之高级修炼 新　海　著	以故事的形式,展现了HRBP工作者在职业发展路上的层层深入和递进	为读者提供HRBP在实际工作中遇到种种问题的解决方案
	新任HR高管如何从0到1 黄渊明　著	全景式展现新任高管华丽转身全过程	助力新任高管安全着陆
	HR的劳动法内参 李皓楠　著	100个劳动法案例和分析	轻松掌握劳动法知识,方便运用
	把面试做到极致:首席面试官的人才甄选法 孟广桥　著	作者用自己几十年的人力资源经验总结出的一套实用的确定岗位招聘标准、提升面试官技能素质的简便方法	面试官必备,没有空泛理论,只有巧妙的实操技能
	人力资源体系与e-HR信息化建设 刘书生　陈　莹　王美佳　著	将作者经历的人力资源管理变革、人力资源管理信息化咨询项目方法论、工具和成果全面展现给读者,使大家能够将其快速应用到管理实践中	系统性非常强,没有废话,全部是浓缩的干货
	回归本源看绩效 孙　波　著	让绩效回顾"改进工具"的本源,真正为企业所用	确实是来源于实践的思考,有共鸣
	世界500强资深培训经理人教你做培训管理 陈　锐　著	从7大角度具体细致地讲解了培训管理的核心内容	专业、实用、接地气

续表

人力资源	**曹子祥教你做激励性薪酬设计** 曹子祥　著	以激励性为指导，系统性地介绍了薪酬体系及关键岗位的薪酬设计模式	深入浅出，一本书学会薪酬设计
	曹子祥教你做绩效管理 曹子祥　著	复杂的理论通俗化，专业的知识简单化，企业绩效管理共性问题的解决方案	轻松掌握绩效管理
	把招聘做到极致 远　鸣　著	作为世界500强高级招聘经理，作者数十年招聘经验的总结分享	带来职场思考境界的提升和具体招聘方法的学习
	人才评价中心.超级漫画版 邢　雷　著	专业的主题，漫画的形式，只此一本	没想到一本专业的书，能写成这效果
	走出薪酬管理误区 全怀周　著	剖析薪酬管理的8大误区，真正发挥好枢纽作用	值得企业深读的实用教案
	集团化人力资源管理实践 李小勇　著	对搭建集团化的企业很有帮助，务实，实用	最大的亮点不是理论，而是结合实际的深入剖析
	我的人力资源咨询笔记 张　伟　著	管理咨询师的视角，思考企业的HR管理	通过咨询师的眼睛对比很多企业，有启发
	本土化人力资源管理8大思维 周　剑　著	成熟HR理论，在本土中小企业实践中的探索和思考	对企业的现实困境有真切体会，有启发
企业文化	**36个拿来就用的企业文化建设工具** 海融心胜　主编	数十个工具，为了方便拿来就用，每一个工具都严格按照工具属性、操作方法、案例解读划分，实用、好用	企业文化工作者的案头必备书，方法都在里面，简单易操作
	企业文化建设超级漫画版 邢　雷　著	以漫画的形式系统教你企业文化建设方法	轻松易懂好操作
	华夏基石方法：企业文化落地本土实践 王祥伍　谭俊峰　著	十年积累、原创方法、一线资料，和盘托出	在文化落地方面真正有洞察，有实操价值的书
	企业文化的逻辑 王祥伍　著	为什么企业之间如此不同，解开绩效背后的文化密码	少有的深刻，有品质，读起来很流畅
	企业文化激活沟通 宋杼宸　安　琪　著	透过新任HR总经理的眼睛，揭示出沟通与企业文化的关系	有实际指导作用的文化落地读本
	在组织中绽放自我：从专业化到职业化 朱仁健　王祥伍　著	个人如何融入组织，组织如何助力个人成长	帮助企业员工快速认同并投入到组织中去，为企业发展贡献力量
	企业文化定位·落地一本通 王明胤　著	把高深枯燥的专业理论创建成一套系统化、实操化、简单化的企业文化缔造方法	对企业文化不了解，不会做？有这一本从概念到实操，就够了
生产管理	**精益思维：中国精益如何落地** 刘承元　著	笔者二十余年企业经营和咨询管理的经验总结	中国企业需要灵活运用精益思维，推动经营要素与管理机制的有机结合，推动企业管理向前发展
	300张现场图看懂精益5S管理 乐　涛　编著	5S现场实操详解	案例图解，易懂易学
	高员工流失率下的精益生产 余伟辉　著	中国的精益生产必须面对和解决高员工流失率问题	确实来源于本土的工厂车间，很务实
	车间人员管理那些事儿 岑立聪　著	车间人员管理中处理各种“疑难杂症”的经验和方法	基层车间管理者最闹心、头疼的事，‘打包’解决

续表

生产管理	**1. 欧博心法:好管理靠修行** **2. 欧博心法:好工厂这样管** 曾　伟　著	他是本土最大的制造业管理咨询机构创始人,他从400多个项目、上万家企业实践中锤炼出的欧博心法	中小制造型企业,一定会有很强的共鸣
	欧博工厂案例1:生产计划管控对话录 **欧博工厂案例2:品质技术改善对话录** **欧博工厂案例3:员工执行力提升对话录** 曾　伟　著	最典型的问题、最详尽的解析,工厂管理9大问题27个经典案例	没想到说得这么细,超出想象,案例很典型,照搬都可以了
	工厂管理实战工具 欧博企管　编著	以传统文化为核心的管理工具	适合中国工厂
	苦中得乐:管理者的第一堂必修课 曾　伟　编著	曾伟与师傅大愿法师的对话,佛学与管理实践的碰撞,管理禅的修行之道	用佛学最高智慧看透管理
	比日本工厂更高效1:管理提升无极限 刘承元　著	指出制造型企业管理的六大积弊;颠覆流行的错误认知;掌握精益管理的精髓	每一个企业都有自己不同的问题,管理没有一剑封喉的秘笈,要从现场、现物、现实出发
	比日本工厂更高效2:超强经营力 刘承元　著	企业要获得持续盈利,就要开源和节流,即实现销售最大化,费用最小化	掌握提升工厂效率的全新方法
	比日本工厂更高效3:精益改善力的成功实践 刘承元　著	工厂全面改善系统有其独特的目的取向特征,着眼于企业经营体质(持续竞争力)的建设与提升	用持续改善力来飞速提升工厂的效率,高效率能够带来意想不到的高效益
	3A顾问精益实践1:IE与效率提升 党新民　苏迎斌　蓝旭日　著	系统的阐述了IE技术的来龙去脉以及操作方法	使员工与企业持续获利
	3A顾问精益实践2:JIT与精益改善 肖志军　党新民　著	只在需要的时候,按需要的量,生产所需的产品	提升工厂效率
	化工企业工艺安全管理实操 黄　娜　编著	化工企业工艺安全管理全指导	帮助企业树立安全意识,强化安全管理方法
	手把手教你做专业的生产经理 黄　娜　著	物流、信息流、资金流,让生产经理管理有抓手	从菜鸟到能把控全局
员工素质提升	**TTT培训师精进三部曲(上):深度改善现场培训效果** 廖信琳　著	现场把控不用慌,这里有妙招一用就灵	课程现场无论遇到什么样的情况都能游刃有余
	TTT培训师精进三部曲(中):构建最有价值的课程内容 廖信琳　著	这样做课程内容,学员有收获培训师也有收获	优质的课程内容是树立个人品牌的保证
	TTT培训师精进三部曲(下):职业功力沉淀与修为提升 廖信琳　著	从内而外提升自己,职业的道路一帆风顺	走上职业TTT内训师的康庄大道
	培训师,如何让你的事业长青:自我管理的10项法则 廖信琳　著	建立了一套完整的培训师自我管理体系,为培训师的职业成长与发展提供有益的指引	培训师如何在自己的职业道路上越走越高,事业长青,一直有所收获与成长?本书将给你答案
	管理咨询师的第一本书:百万年薪　千万身价 熊亚柱　著	从问题出发,发现问题、分析问题、解决问题,让两眼一抹黑的新人快速成长	管理咨询师初入职场,让这本书开启百万年薪之路

续表

员工素质提升	**手把手教你做专业督导:专卖店、连锁店** 熊亚柱　著	从督导的职能、作用,在工作中需要的专业技能、方法,都提供了详细的解读和训练办法,同时附有大量的表单工具	无论是店铺需要统一培训,还是个人想成为优秀的督导,有这一本就够了
	跟老板"偷师"学创业 吴江萍　余晓雷　著	边学边干,边观察边成长,你也可以当老板	不同于其他类型的创业书,让你在工作中积累创业经验,一举成功
	销售轨迹:一位快消品营销总监的拼搏之路 秦国伟　著	本书讲述了一个普通销售员打拼成为跨国企业营销总监的真实奋斗历程	激励人心,给广大销售员以力量和鼓舞
	在组织中绽放自我:从专业化到职业化 朱仁健　王祥伍　著	个人如何融入组织,组织如何助力个人成长	帮助企业员工快速认同并投入到组织中去,为企业发展贡献力量
	企业员工弟子规:用心做小事,成就大事业 贾同领　著	从传统文化《弟子规》中学习企业中为人处事的办法,从自身做起	点滴小事,修养自身,从自身的改善得到事业的提升
	手把手教你做顶尖企业内训师:TTT 培训师宝典 熊亚柱　著	从课程研发到现场把控、个人提升都有涉及,易读易懂,内容丰富全面	想要做企业内训师的员工有福了,本书教你如何抓住关键,从入门到精通
	28 天速成文案高手 秦　士　安　丽　著	解构优秀品牌和出彩文案背后的逻辑,28 天循序渐进成为文案高手	让优质文案变成"智慧工厂"般的工序管理与稳定出品
	让投诉顾客满意离开:客户投诉应对与管理 孟广桥　著	立足于投诉处理的实践,剖析了不同投诉者投诉的特点和应对措施,并提供各种技巧方法、赢得客户信赖所需培养的品质修炼、处理投诉应掌握的法律法规等工具	是投诉处理人员适应岗位职能需要、提升工作技能的良师益友,是企业变诉为金、培养业务骨干的法宝

营销类:把客户需求融入企业各环节,提供"客户认为"有价值的东西

	书名. 作者	内容/特色	读者价值
营销模式	**精品营销战略** 杜建君　著	以精品理念为核心的精益战略和营销策略	用精品思维赢得高端市场
	变局下的营销模式升级 程绍珊　叶　宁　著	客户驱动模式、技术驱动模式、资源驱动模式	很多行业的营销模式被颠覆,调整的思路有了!
	动销操盘:节奏掌控与社群时代新战法 朱志明　著	在社群时代把握好产品生产销售的节奏,解析动销的症结,寻找动销的规律与方法	都是易读易懂的干货!对动销方法的全面解析和操盘
	弱势品牌如何做营销 李政权　著	中小企业虽有品牌但没名气,营销照样能做的有声有色	没有丰富的实操经验,写不出这么具体、详实的案例和步骤,很有启发
	老板如何管营销 史贤龙　著	高段位营销 16 招,好学好用	老板能看,营销人也能看
	洞察人性的营销战术:沈坤教你 28 式 沈　坤　著	28 个匪夷所思的营销怪招令人拍案叫绝,涉及商业竞争的方方面面,大部分战术可以直接应用到企业营销中	各种谋略得益于作者的横向思维方式,将其操作过的案例结合其中,提供的战术对读者有参考价值
	动销:产品是如何畅销起来的 吴江萍　余晓雷　著	真真切切告诉你,产品究竟怎么才能卖出去	击中痛点,提供方法,你值得拥有
	1000 铁杆女粉丝 张兵武　著	连接是女性与生俱来的特质。能善用连接的营销人员,就像拿到打开女性荷包的钥匙	重新认识女性的传播力量
	360°谈营销:一位营销咨询师 20 年实战洞察 王清华　古怀亮　著	各个角度,全方位,多视点剥营销	思路单一,此书帮你破

续表

<table>
<tr><td rowspan="2">营销模式</td><td>营销按钮:扣动一触即发的力量
老　苗　著</td><td>提供各种奇形怪状的营销武器</td><td>一定会带给你不一样的思维震撼</td></tr>
<tr><td>孙子兵法营销战
刘文新　著</td><td>逐句解读孙子兵法,以及在营销方面的感悟</td><td>帮助营销人用智慧打营销仗</td></tr>
<tr><td rowspan="6">销售</td><td>资深大客户经理:策略准,执行狠
叶敦明　著</td><td>从业务开发、发起攻势、关系培育、职业成长四个方面,详述了大客户营销的精髓</td><td>满满的全是干货</td></tr>
<tr><td>大客户销售这样说这样做
陆和平　著</td><td>大客户销售十大模块 68 个典型销售场景应对策略和话术,直接拿来就用</td><td>从"为什么要这么干"到"干什么、怎么干"</td></tr>
<tr><td>成为资深的销售经理:B2B、工业品
陆和平　著</td><td>围绕"销售管理的六个关键控制点"一一展开,提供销售管理的专业、高效方法</td><td>方法和技术接地气,拿来就用,从销售员成长为经理不再犯难</td></tr>
<tr><td>销售是门专业活:B2B、工业品
陆和平　著</td><td>销售流程就应该跟着客户的采购流程和关注点的变化向前推进,将一个完整的销售过程分成十个阶段,提供具体方法</td><td>销售不是请客吃饭拉关系,是个专业的活计! 方法在手,走遍天下不愁</td></tr>
<tr><td>向高层销售:与决策者有效打交道
贺兵一　著</td><td>一套完整有效的销售策略</td><td>有工具,有方法,有案例,通俗易懂</td></tr>
<tr><td>学话术　卖产品
张小虎　著</td><td>分析常见的顾客异议,将优秀的话术模块化</td><td>让普通导购员也能成为销售精英</td></tr>
<tr><td rowspan="9">组织和团队</td><td>升级你的营销组织
程绍珊　吴越舟　著</td><td>用"有机性"的营销组织替代"营销能人",营销团队变成"铁营盘"</td><td>营销队伍最难管,程老师不愧是营销第 1 操盘手,步骤方法都很成熟</td></tr>
<tr><td>用数字解放营销人
黄润霖　著</td><td>通过量化帮助营销人员提高工作效率</td><td>作者很用心,很好的常备工具书</td></tr>
<tr><td>成为优秀的快消品区域经理(升级版)
伯建新　著</td><td>用"怎么办"分析区域经理的工作关键点,增加 30% 全新内容,更贴近环境变化</td><td>可以作为区域经理的"速成催化器"</td></tr>
<tr><td>成为资深的销售经理:B2B、工业品
陆和平　著</td><td>围绕"销售管理的六个关键控制点"一一展开,提供销售管理的专业、高效方法</td><td>方法和技术接地气,拿来就用,从销售员成长为经理不再犯难</td></tr>
<tr><td>一位销售经理的工作心得
蒋　军　著</td><td>一线营销管理人员想提升业绩却无从下手时,可以看看这本书</td><td>一线的真实感悟</td></tr>
<tr><td>快消品营销:一位销售经理的工作心得 2
蒋　军　著</td><td>快消品、食品饮料营销的经验之谈,重点突出</td><td>来源于实战的精华总结</td></tr>
<tr><td>销售轨迹:一位快消品营销总监的拼搏之路
秦国伟　著</td><td>本书讲述了一个普通销售员打拼成为跨国企业营销总监的真实奋斗历程</td><td>激励人心,给广大销售员以力量和鼓舞</td></tr>
<tr><td>用营销计划锁定胜局:用数字解放营销人 2
黄润霖　著</td><td>全方位教你怎么做好营销计划,好学好用真简单</td><td>照搬套用就行,做营销计划再也不头痛</td></tr>
<tr><td>快消品营销人的第一本书:从入门到精通
刘　雷　伯建新　著</td><td>快消行业必读书,从入门到专业</td><td>深入细致,易学易懂</td></tr>
<tr><td rowspan="2">产品</td><td>产品开发管理方法·流程·工具:从作坊式到规范化
任彭枞　著</td><td>产品研发管理体系全指导</td><td>既有工具,又能开拓思路</td></tr>
<tr><td>新产品开发管理,就用 IPD(升级版)
郭富才　著</td><td>10 年 IPD 研发管理咨询总结,国内首部 IPD 专业著作</td><td>一本书掌握 IPD 管理精髓</td></tr>
</table>

续表

产品	**这样打造大单品:案例 策略 方法** 迪智成咨询团队 著	囊括十三个不同行业、企业的实际案例,从不同角度详细剖析、总结了这些品牌厂家打造大单品的成功经验或者失败教训	厘清大单品打造的策划与路径,得出持续经营的思路与方法
	研发体系改进之道 靖 爽 陈年根 马鸣明 著	提出一套系统性的方法与工具	指引企业少走弯路,提高成功率
	资深项目经理这样做新产品开发管理 秦海林 著	以 IPD 为思想,系统讲解新产品开管理的细节	提供管理思路和实用工具
	产品炼金术Ⅰ:如何打造畅销产品 史贤龙 著	满足不同阶段、不同体量、不同行业企业对产品的完整需求	必须具备的思维和方法,避免在产品问题上走弯路
	产品炼金术Ⅱ:如何用产品驱动企业成长 史贤龙 著	做好产品、关注产品的品质,就是企业成功的第一步	必须具备的思维和方法,避免在产品问题上走弯路
品牌	**中小企业如何建品牌** 梁小平 著	中小企业建品牌的入门读本,通俗、易懂	对建品牌有了一个整体框架
	采纳方法:破解本土营销8大难题 朱玉童 编著	全面、系统、案例丰富、图文并茂	希望在品牌营销方面有所突破的人,应该看看
	中国品牌营销十三战法 朱玉童 编著	采纳20年来的品牌策划方法,同时配有大量的案例	众包方式写作,丰富案例给人启发,极具价值
	今后这样做品牌:移动互联时代的品牌营销策略 蒋 军 著	与移动互联紧密结合,告诉你老方法还能不能用,新方法怎么用	今后这样做品牌就对了
	中小企业如何打造区域强势品牌 吴 之 著	帮助区域的中小企业打造自身品牌,如何在强壮自身的基础上往外拓展	梳理误区,系统思考品牌问题,切实符合中小区域品牌的自身特点进行阐述
渠道通路	**深度分销:掌控渠道价值链** 施 炜 著	制造商通过掌控渠道价值链,将管理触角延伸至零售层面及顾客现场,对市场根部精耕细作,从而挖掘需求,构筑区域市场尤其是三四级市场的竞争壁垒	深度分销是中国企业对世界营销的独特贡献。实践证明,互联网时代深度分销仍有生命力
	快消品营销与渠道管理 谭长春 著	将快消品标杆企业渠道管理的经验和方法分享出来	可口可乐、华润的一些具体的渠道管理经验,实战
	传统行业如何用网络拿订单 张 进 著	给老板看的第一本网络营销书	适合不懂网络技术的经营决策者看
	采纳方法:化解渠道冲突 朱玉童 编著	系统剖析渠道冲突,21个渠道冲突案例、情景式讲解,37篇讲义	系统、全面
	学话术 卖产品 张小虎 著	分析常见的顾客异议,将优秀的话术模块化	让普通导购员也能成为销售精英
	向高层销售:与决策者有效打交道 贺兵一 著	一套完整有效的销售策略	有工具,有方法,有案例,通俗易懂
	通路精耕操作全解:快消品20年实战精华 周 俊 陈小龙 著	通路精耕的详细全解,每一步的具体操作方法和表单全部无保留提供	康师傅二十年的经验和精华,实践证明的最有效方法,教你如何主宰通路

管理者读的文史哲·生活

	书名.作者	内容/特色	读者价值
思想·文化	**德鲁克管理思想解读** 罗 珉 著	用独特视角和研究方法,对德鲁克的管理理论进行了深度解读与剖析	不仅是摘引和粗浅分析,还是作者多年深入研究的成果,非常可贵
	德鲁克与他的论敌们:马斯洛、戴明、彼得斯 罗 珉 著	几位大师之间的论战和思想碰撞令人受益匪浅	对大师们的观点和著作进行了大量的理论加工,去伪存真、去粗存精,同时有自己独特的体系深度

续表

思想·文化	**德鲁克管理学** 张远凤　著	本书以德鲁克管理思想的发展为线索,从一个侧面展示了20世纪管理学的发展历程	通俗易懂,脉络清晰
	王阳明“万物一体”论:从“身-体”的立场看(修订版) 陈立胜　著	以身体哲学分析王阳明思想中的“仁”与“乐”	进一步了解传统文化,了解王阳明的思想
	自我与世界:以问题为中心的现象学运动研究 陈立胜　著	以问题为中心,对现象学运动中的“意向性”“自我”“他人”“身体”及“世界”各核心议题之思想史背景与内在发展理路进行深入细致的分析	深入了解现象学中的几个主要问题
	作为身体哲学的中国古代哲学 张再林　著	上篇为中国古代身体哲学理论体系奠基性部分,下篇对由“上篇”所开出的中国身体哲学理论体系的进一步的阐发和拓展	了解什么是真正原生态意义上的中国哲学,把中国传统哲学与西方传统哲学加以严格区别
	中西哲学的歧异与会通 张再林　著	本书以一种现代解释学的方法,对中国传统哲学内在本质尝试一种全新的和全方位的解读	发掘出掩埋在古老传统形式下的现代特质和活的生命,在此基础上揭示中西哲学“你中有我,我中有你”之旨
	治论:中国古代管理思想 张再林　著	本书主要从儒、法墨三家阐述中国古代管理思想	看人本主义的管理理论如何不留斧痕地克服似乎无法调解的存在于人类社会行为与社会组织中的种种两难和对立
	车过麻城　再晤李贽 张再林　著	系统全面而又简明扼要地展示了李贽独到的学术眼力和超拔的理论建树	帮助读者重新认识李贽的思想
	中国古代政治制度(修订版)上:皇帝制度与中央政府 刘文瑞　著	全面论证了古代皇帝制度的形成和演变的历程	有助于读者从政治制度角度了解中国国情的历史渊源
	中国古代政治制度(修订版)下:地方体制与官僚制度 刘文瑞　著	全面论证了古代地方政府的发展演变过程	有助于读者从政治制度角度了解中国国情的历史渊源
	中国思想文化十八讲(修订版) 张茂泽　著	中国古代的宗教思想文化,如对祖先崇拜、儒家天命观、中国古代关于“神”的讨论等	宗教文化和人生信仰或信念紧密相联,在文化转型时期学习和研究中国宗教文化就有特别的现实意义
	史幼波《大学》讲记 史幼波　著	用儒释道的观点阐释大学的深刻思想	一本书读懂传统文化经典
	史幼波《周子通书》《太极图说》讲记 史幼波　著	把形而上的宇宙、天地,与形而下的社会、人生、经济、文化等融合在一起	将儒家的一整套学修系统融合起来
	史幼波《中庸》讲记(上下册) 史幼波　著	全面、深入浅出地揭示儒家中庸文化的真谛	儒释道三家思想融会贯通
	梁涛讲《孟子》之万章篇 梁　涛　著	《万章》主要记录孟子与万章的对话,涉及孝道、亲情、友情、出仕为官等	作者的解读能帮助读者更好地理解孟子及儒学
	两晋南北朝十二讲(修订版) 李文才　著	作为一本普及性读物,作者尊重史实,运用“历史心理学”的叙事方法,分12个专题对两晋南北朝的历史进行阐述	让读者轻松了解两晋南北朝的历史
	每个中国人身上的春秋基因 史贤龙　著	春秋368年(公元前770-公元前403年),每一个中国人都可以在这段时期的历史中找到自己的祖先,看到真实发生的事件,同时也看到自己	长情商、识人心
	与《老子》一起思考:德篇 **与《老子》一起思考:道篇** 史贤龙　著	打通文史,回归哲慧,纵贯古今,放眼中外,妙语迭出,在当今的老子读本中别具一格	深读有深读的回味,浅尝有浅尝的机敏,可给读者不同的启发